U0937775

教育部人文社科项目
经济管理专题研究著作

Analysis of the Operator Behavior Based on the Principles of Enterprise Evolution

基于演化原理的企业行为分析

袁桂秋 著

ZHEJIANG UNIVERSITY PRESS
浙江大学出版社

序

金雪军

经过30多年来的改革开放实践，我国的企业在经济大发展过程中发生了广泛而深刻的变化，不仅仅是企业资产和经营实力不断壮大，更大的变化是它们的外部经营环境、自身生产技术、内部组织管理模式等等都进入30年以前根本没法比及的崭新的历史时代。这些巨大变化促使我们用更加开阔、更加展望未来的思维思考以下问题：企业在新经济环境下的主要发展方向是什么？企业应该如何保持持续的竞争优势？企业又应该如何增强内部组织提高对外部经营环境的适应能力？等等。

现代的企业理论相当丰富，从不同角度分析企业的各种问题也便产生了对企业的不同解释理论。主流经济学中的企业理论，包括新古典企业理论、交易成本理论和委托代理理论等等，接受了关于主体行为的一系列基本假设，在较高的普遍性标准上解释企业的本质和行为规律性，重点研究经济现象及其因果关系。然而，因为经济现象和变量关系等都是受行为过程直接影响或间接支配的结果，所以本质意义上的企业理论更应该着重研究企业行为的特征和规律，主流的企业理论也不断受到许多经济学者的质疑。他们认为，在这些主流企业理论的实质性思想中，集中注视的事物是企业个体而不是企业群体；是最优化(利润最大化或成本最小化)行为而不是习惯遵从；是"理性预期"的假定而不是不确定性或无知；是最终状态、固定点或均衡而不是演化过程；等等，这些质疑从不同角度指出了主流企业理论所存在的不足，同时产生与发展了与主流经济学中的企业理论形成鲜明对比的演化经济学中的企业理论分析。罗斯托在晚年时也曾对经济学做过这样的总结："尽管要冒极大的过于简单化的风险，但还是可以说经济学家长久以来分为两派，新牛顿学派和生物学派。"[①]

演化经济学的最初思想灵感来自于达尔文生物进化论和拉马克的遗传因

① 迈克尔·曾伯格：《经济学大师的人生哲学》，商务印书馆，2002年，第313页。

子理论，而凡勃仑、熊彼特等人被认为演化经济学的先驱。凡勃仑深受达尔文进化论的影响，把进化隐喻看作是理解资本主义经济的技术和制度变化的基本方法，认为经济学应该抓住演化和变化这个核心主题，而不是新古典经济学从物理学中所借入的静态和均衡思想。熊彼特在《经济发展理论》一书中将创新看作是经济变化过程的实质，指出资本主义经济是一个以技术和组织创新为首要特征的演化的动态系统。这些理论都为演化经济学的发展奠定了思想基础。正式确立演化理论在经济管理研究领域地位的是纳尔逊和温特，他们于1982出版了经典著作《经济变迁的演化理论》。他们在书中构建了一个包含企业惯例、战略搜寻、技术创新和环境选择等要素在内的企业演化模型，从而使企业演化研究首次拥有了属于自己的分析框架，开始形成系统的企业演化理论轮廓。

在很长一段时期，达尔文主义是演化经济学的主要观点。达尔文主义认为企业的发展过程纯粹是环境选择的结果，企业被环境因素如资源稀缺、产业准则和产业结构所高度束缚，它的行为只是对环境的适从，对环境的反作用是很小的或者没有影响。所以他们认为“变异、遗传、选择”的研究范式具有普遍适用性。以魏特和福斯特为代表的一些经济学家则强烈反对在演化经济学中使用生物学隐喻，他们认为组织的适应性变化是有意识地发生的，是作为对所观察到的不断变化的环境压力的一种回应，主张用自组织理论替代达尔文主义。在他们看来，“自组织理论为演化过程提供了一种抽象的和一般的描述”。1993年，考夫曼论证了自然选择不能单独地解释复杂有机体的起源，一个统一的演化经济必须处理经济体的自组织和竞争。现代演化经济学的一个重要进展就是吸收了复杂系统理论的思想，探讨不同层级之间的自我适应和自然选择的相互作用关系。其中，共同演化便是指不同互动者之间存在相互的反馈机制，它们的演化动力交织一起，即一个互动者的适应性变化会通过改变另一个互动者的适应而改变其演化轨迹，后者的变化又会进一步制约或促进前者的变化，不同层级之间的互动者的共同演化将促使社会经济系统的演化更加的复杂和充满不确定性。Norgaard(1984 和 1994)是第一个明确地将共同演化概念运用于社会文化、生态经济领域的学者，他认为共同演化是人类物质、思想和价值观与非人类环境相互依赖、相互交织的变化。Lewin (1999)也提供了一个企业、产业、制度和外部制度环境的共同演化理论，并认为各个层面的变迁模式可能是不同的。Johann Peter Murmann(2003)在著作《知识与竞争优势：企业、技术和国家制度的共同演化》中，通过分析产业(合成燃料产业)、技术(新合成染料的发明)和国家制度(大学教育体系和专利法等)的共演模型，揭示了合成染料产业在德国的兴起及其产业竞争力的形成和演变；J. Tan 和 D. Tan(2005)运用复杂理论与组织学习理论，采用动态方法实证研究了转轨背景下企业战略与环境的共同演化关系。

企业演化理论是研究企业组织发展和行为演变规律的理论。它把企业放在一个开放的、复杂多变的环境当中，以动态的、演化的理念来分析和理解企业的存在与发展规律。它的中心思想为企业的变异、选择和演化，企业遵循着创新(变异)、市场检验、适应并发展的循环演变规律，同时强调企业与周围环境之间的互动。

本世纪初，我们开始了对演化经济学的研究，我最早的两个博士生分别以企业演化和制度演化作为他们的博士论文选题，并完成了博士论文。前者是陶海青博士，他后来成为作为清华大学的博士后与浙江财经学院副教授，后者是章华博士，他现在是浙江大学副教授。袁桂秋副教授前些年来浙江大学作博士后研究，就以企业演化作为他的博士后研究方向，收集了大量的相关文献并作了细致地整理与分析，针对企业理论的重点和难点进行了系统地探讨。这本书是袁桂秋做博士后以来的研究工作的积累，主要从以下几个角度分析企业问题，并形成了自己的特色。

一是从自组织演化角度研究企业行为。具体包含：(1)企业投资经营活动中存在明显的模仿学习行为特征，它不仅是企业管理层的一种重要心智活动的体现，而且也是企业处于不同竞争地位时相应的经营选择的结果。本书利用生物物种之间的 Lotka-Voterra 竞争模型刻画两竞争企业之间在不同经营策略下的市场销量变化，和不同产品影响力下企业生产潜能的变化，并在企业的优化策略原则下推导分析，得到企业投资活动中的模仿学习规则。(2)当我们将企业置身于周围环境中时，企业演化原理告诉我们企业的发展过程是一个多种因素协调作用的结果，这些因素以循环方式形成有序的组织，在一个特定环境下，某一个因素处于主导地位，在另一特定条件下，另外一个因素起着主导作用。企业纵向一体化的根本出发点在于提高企业发展的主导因素水平，当资源和市场需求要素占主导地位时，企业应该采取纵向一体化策略，有利于这些要素水平的提高；但是，当技术、制度等其它要素占主导地位时，企业不必一定采取一体化措施，因为这时一体化策略并不能提高这些要素的水平。本书实证检验了基于自组织原理对企业纵向一体化行为的正确性。(3)许多实证研究与企业调查发现，“牛鞭效应”现象广泛存在于供应链结构中，许多文献都认为这是信息在上下游传送中扭曲导致的结果。但是本书通过建立供应链的经济生态系统模型，并利用该模型论证了“牛鞭效应”在供应系统中客观存在的，是供应链自身结构所导致的一个结果，供应链类似于食物链，维护供应关系健康持续发展的有效措施在于有效解决供应结构关系。

二是从共同演化角度分析企业战略行为和新型产业组织形式的形成。具体有:(1)现代演化经济学的一个重要进展就是发展了共同演化理论,并广泛应用于企业战略、竞争优势形成和产业组织形式等分析中。它是指利用相互反馈机制探讨不同层级之间的自我适应和自然选择的作用关系。本书利用共同演化分析框架将产业发展路径划分为四个阶段:导入期,快速发展期,激烈竞争期和后工业时代,并且通过分析得到不同产业发展阶段企业采取不同的战略重点。同时,本文通过对我国彩电业的发展轨迹的回顾与检验,表明利用正反馈的共同演化机制分析企业战略的正确性和现实性。(2)本书分析了模块化生产组织和技术水平提高这两者之间的共同演化机制。得到结论:对一个生产技术水平不断提高的产业,模块化生产和标准化建设就能够有效减低成本,提高产出效率;对一个生产技术水平没有太大改变的产业,模块化生产和标准化建设不一定会提高产出效率。另一方面,如果我们对能迅速提高技术水平的生产不实施模块化,那么集成化生产组织会导致高技术生产者的怠工现象,抑制产业发展。所以,只有对生产复杂的高新技术产业实施模块化,才能促进该产业的标准化建设和产业升级。

三是实证检验分析企业演化适应性行为,包括:(1)企业规模经济效益的影响因素分析。本书实证分析了2000—2006年间我国制造业上市公司规模效益影响因素,结果表明:良好的宏观经济环境对企业的资源积聚有利,容易产生规模经济效益;企业的规模经济具有较强的路径依赖性;产品的竞争力越强,行业景气度越高,企业的盈利状况越好,越能形成规模经济效益。这些结果表明企业应该发展并保持良好的内部组织,并且根据外部环境要素的变化适时地调整,以达到充分发挥资源积聚效应,提高规模经济效益。(2)企业资本结构的选择是一个企业与经营环境共同演化的结果。一方面,企业的资本结构受自身经营条件和周围决定因素影响,是企业适应环境的结果;另一方面,资本结构也是企业能动适应环境的结果,合理的资本结构可以保持企业财务的稳定性和经营的持续性,有效促进企业的价值最大化和发展。本书从企业的约束条件和资本需求角度分析影响资本结构的因素,并通过实证检验分析资本结构的演变性,同时本书通过资本结构的动态调整比较分析所有制性质对我国企业经营行为的影响。这些分析体现了企业资本结构选择的一个适应性行为。

综上所述,本书作为袁桂秋博士对于企业演化研究的阶段性总结,其分析与得出的结论有助于推动这一领域研究的深化与拓展。随着理论研究的深入与社会经济实践的发展,演化经济学与企业理论都有许多新的问题需要探讨,期待袁桂秋博士在本书基础上在这一领域取得新的成果。

目 录

第 1 章　现代企业理论发展综述

企业是什么？为什么会有企业？企业应该如何组织生产？企业的竞争优势是什么？等等。对经营者来说，这些都是企业如何充分利用资源，提高经营效率的根本问题。对理论研究者来说，从不同角度对这些问题的解释也便形成了不同的企业理论，纵观现代企业理论的发展历史，它的进程依次如下：

1.1　新古典企业理论

新古典经济学是 19 世纪 70 年代以来，经过瓦尔拉斯(L. Walras)、马歇尔(C. Marshall)和杰文斯(M. Jevons)等为代表的经济学家们的努力，形成主要以“边际分析方法”为核心的经济学流派。该理论以边际效用价值论代替了古典经济学的劳动价值论，以需求 P 为核心的分析代替了古典经济学以供给为核心的分析，在理性经济人等一系列理想假设条件之上，通过利用生产函数等概念，使得基于利润最大化假设下的静态均衡分析得到了很大发展，并形成了一套研究投入与产出的丰富理论体系。

新古典企业理论的基础是一系列严格而苛刻的假设：完全理性的经济人、稳定的偏好序、效用最大化的追求，完全而对称的信息集、完备的市场、厂商规模很小而且不存在规模效应、不存在外部性等等。在以上这些前提条件下，新古典微观经济学的企业是一个在给定外部环境条件下的利润最大化或者成本最小化的实体。它被描述成一个展现投入和产出之间关系的简单静态生产函数，即 $Q = F(L,K)$ 。而企业的目标是利润最大化，即目标函数为：

$$\max_{Q} \pi = P(Q)Q - C(Q)$$

所以,新古典经济学的企业可以简单为这样一个组织:它选择生产函数上的边际成本等于边际收益时的最佳决策点,获取必要的投入,根据生产函数将它们转换为产出,然后将产出销售出去。

该理论运用一系列数学方法,把企业的一些因素纳入到相关数学模型中,进而得出变量之间稳定而有序的变化关系,最终推导出整个社会资源配置实现帕累托最优的完美结果。其实,新古典企业理论实际上不是真正的企业理论,与其说是一种企业理论,还不如说是一种市场理论,因为在新古典企业那里,企业只是一个"黑箱",生产要素的配置和产出的分配在其中无摩擦地由市场价格决定,它的核心内容是价格理论,企业仅仅是利用局部均衡分析方法预测企业在输入市场的购买决策和输出市场的供应决策,是价格影响下的附属物。

1.2 交易成本理论

以科斯(R. H. Coase)为先导的现代企业理论在一定程度上打开了新古典经济理论的企业"黑箱"。在《企业的性质》一文中,科斯提出了一个被新古典经济学所忽视的、简单而又非常重要的问题:"如果生产是由价格变动来调节的,那么生产就可以在没有任何组织机构存在的情况下进行,我们便要问:为什么还会存在任何组织机构?"科斯认为,在一个典型的组织——企业当中,资源的配置不是通过价格机制来调节,而是通过人为的协调和控制进行的。在科斯看来,在经济系统中,有两种不同的协调经济活动的方式,"在企业之外,价格变动引导生产,生产通过市场上的一系列交易而得到调节。在企业内部,这些市场交易被取消,指挥生产的企业家——协调者取代了从事交易的复杂的市场结构。显然,二者是相互替代的协调生产的方式"。科斯进一步指出:"我认为,可以假设企业的显著特征是作为价格机制的替代物。"那么,为什么会产生这种替代,或者说,为什么会存在企业呢?科斯进一步认为,之所以会出现企业是因为运用市场价格机制配置资源是有成本的,这些成本主要包括发现相对价格的成本、谈判、签订交易合约和监督强制成本等,当市场的这些成本大到一定程度时,人们便会转而寻求一种替代:用企业来完成原本由市场所进行的资源配置活动。

在阐述了企业产生的原因以及企业的特征之后，科斯又研究了企业的边界如何确定的问题。“如果通过组织一个企业可以消除某些费用即减少生产的费用，那么为什么还会存在任何市场交易呢？为什么所有的生产活动不能由一个大企业来独自完成呢？”科斯的解释是，因为“企业家能力的收益递减”，即，随着企业内交易的增加，组织交易的成本开始上升；并且随着企业内组织交易的增加，企业家可能会出现失误，不能最有效地配置生产要素。因此，“一个企业将趋于扩张，直到在企业内组织一项额外的交易的费用等于在市场上通过交换实施同样的交易所需的费用或在另外一个企业内组织这一交易的费用时为止”。

在科斯之后，阿尔钦(A. A. Alchian)和德姆塞茨(H. Demsetz)、威廉姆森(O. Williamson)、克莱因(L. R. Klein)、米尔格罗姆(P. Milgrom)、格鲁斯曼(H. I. Grossman)和哈特(O. Hart)等从不同侧面发展了交易成本理论。

阿尔钦和德姆塞茨于1972年在《美国经济评论》上发表了论文《生产、信息费用与经济组织》。他们试图纠正科斯把企业和市场分开甚至对立的观点，认为企业并没有比市场更具优势，其本质仍是一种契约形式，企业权威与市场权威并无二致，而他们反对科斯关于企业具有权威的观点则不为其他经济学家所接受。

威廉姆森从资产专用性、交易的不确定性和交易频率三个维度解释了经济活动的规则结构。交易的不确定性是指交易环境中的不可预期的变化，当交易受制于不同程度的不确定性时，对治理结构的选择就有了重要意义，因为不同的治理结构有着不同的应变能力和交易成本。威廉姆森认为：(1)当资产专用性的最佳水平极低时，无论从规模经济还是从治理成本上看，都是市场采购更为有利；(2)当资产专用性的最佳水平极高时，则内部组织更为有利；(3)对于中间状态的资产专用性来说，这两种成本只有很小的差别，这时很容易出现混合治理，即可以看到，某些企业将从市场上采购，其他企业将自行制造，而两者对当前的对策都会表示出不满意；(4)在更一般的情况下，如果从生产成本的比较上看企业处处皆不如市场，那么企业决不会仅仅为了生产成本上的考虑就实行纵向一体化，只有当契约方式遇到困难时，企业与市场的比较才会支持纵向一体化；(5)在其他条件不变的情况下，大企业比小企业更容易实行纵向一体化；(6)在其他条件不变的情况下，M型企业的纵向一体化倾向要比U型企业更为强烈；(7)在其他情况相同时，纵向一体化在一种低信任度的文化将比在一种高信任度的文化中更为完全彻底。实际上，所有上述问题都可以归结为“效率边界”问题[①]。

沿着交易成本思想这一脉络出发，以格鲁斯曼、哈特和莫尔为代表的产权理论学派把着眼点放在财产权利上，而财产权利又主要表现为所有权结构，所以该理论认为企业的所有权是企业的“粘合剂”。产权理论把契约权利分为两种类型：特定权利和剩余控制权。当在契约中列出所有的针对资产的特定权利的代价很高时，让某一参与人购买所有的剩余控制权可能是最优的。企业的所有权就是购买剩余控制权，企业的不可缔约性越强，剩余控制权的作用就越重要，剩余控制权的错误配置会引起导致企业的所有者与经营者之间的“激励不相容”和权责利不对称。企业的形成正是建立在有效配置剩余控制权基础上的，成为一种完善公司治理结构、节约交易成本的重要手段。

1.3 委托代理理论

根据詹森(Michael C. Jensen)和麦克林(William H. Meckling)的定义，委托代理是指一个人或一些人(委托人)委托其他人(代理人)根据委托人利益从事某些活动，并相应授予代理人某些决策权的契约关系。在这一契约关系中，能主动设计契约形式的当事人称为委托人，而被动地接受契约形式的当事人称为代理人。委托代理理论的解决实质就是降低由企业家职能分解引致的代理成本，将剩余索取权和剩余控制权在委托人与代理人之间进行适当的分配，设计出剩余索取权与剩余控制权相对应或匹配的“激励合同”。这一理论针对委托者与代理者之间的信息分布不完全或不对称的特征，提出了一套原理和方法用以知道委托者设计最优机制即以契约表现的最优规则谋求期望效用的最大化，其目的是设计一种机制(契约)，能给代理人提供某种激励和动力，使之按有利于委托人的目标努力工作。

委托代理机制可以用优化原理来表达和设计。问题的最优目标是让委托人获益最大，但必须同时满足如下两个约束条件：一是激励相容约束条件，即要使委托与代理双方都应效益最大化。另一是个人理性约束条件，又称代理人参与约束条件。假如代理人是理性的话，他接受机制比拒绝机制在经济上更合

① 威廉姆森.资本主义经济制度[M].北京：商务印书馆，2002.136

适,从而保证代理者参与机制设计博弈的利益动机。在以上两个约束中,一致性是首要的,其配置才可操作,如果还满足个人理性约束,那么该配置就是可行的。通过理论模型分析,可以得出两个重要结论:一方面,如果使代理人承受全部风险,相应地代理人成为剩余权益者,产权对于代理人的约束是严格的,对其激励也是充分的,那么,资源配置能够达到最优,因为企业内部来自产权结构的交易成本低。另一方面,要使委托者预期效用最大,在委托者与代理者之间的产权安排上,代理者必须承受风险,至少是部分风险,这种代理者承受的风险责任与其在企业中对资产的权利应相对应,同时与激励代理者所需要的利益相对称。

20 世纪 80 年代以来,经济学将动态博弈理论引入到委托—代理关系的研究中,论证了在多次重复代理关系情况下,竞争、声誉等隐性激励机制能够发挥激励代理人的作用,充实了长期委托—代理关系中激励理论的内容。法玛(Fama)是其中一个主要代表,他认为,在竞争性经理市场上,经理的市场价值决定于其过去的经营业绩,从长期来看,经理必须对自己的行为负全部责任。因此,即使没有显性激励的合同,经理也会有积极性努力工作,因为这样做可以改进自己在经理市场上的声誉,从而提高未来的收入。霍姆斯特姆(B. Holmstrom)将该思想模型化,形成代理人——声誉模型。通过模型分析发现,经理工作的质量是其努力和能力的一种信号,表现差的经理难以得到人们对他的良好预期,不仅内部提升的可能性下降,而且被其他企业重用的几率也很弱。克瑞普斯(D. Kreps) 等人提出的声誉模型,解释了当参与人之间重复多次交易时,为了获取长期利益,参与人通常需要建立自己的声誉,使一定时期内的合作均衡能够实现。

1.4　利益相关者理论

在 20 世纪 60 年代,斯坦福大学研究小组首次给出企业利益相关者的定义,即:对企业来说存在这样一些利益群体,如果没有他们的支持,企业就无法生存。至此,人们开始认识到,企业存在的目的并非仅为股东服务,在企业的周围还存在许多关系到企业生存的利益群体。1984 年,弗里曼(R. E. Freeman)出版了《战略管理:利益相关关者管理的分析方法》一书,明确提出了利益相关者管理理论。利益相关者管理理论是指企业的经营管理者为综合平衡各个利益相关者的利益要求而进行的管理活动,与传统的股东至上主义相比较,该理论认为任何一个公司的发展都离不开各利益相关者的投入或参与,企业追求的是利益相关者的整体利益,而不仅仅是某些主体的利益。

到90年代中期,美国经济学家布莱尔(M. Blair)对利益相关者定义进一步推进为:它是所有那些向企业贡献了专用性资产,以及作为既成结果已经处于风险投资状况的人或集团。利益相关者是企业专用性资产的投入者,只有他们对其专用性资产拥有完整的产权,才能相互签约组成企业。专用性资产的多少以及资产所承担风险的大小正是利益相关者团体参与企业控制的依据,可以说资产越多,承担的风险越大,他们所得到的企业剩余索取权和剩余控制权就应该越大,那么他们拥有的企业所有权就应该越大,这也为利益相关者参与企业所有权分配提供了可参考的衡量方法。

利益相关者共同利益最大化是现代企业的必然选择,各经济利益主体在追求自身经济利益的过程中要受到其他经济利益主体的制约,不能无限度地任意扩展而侵犯其他经济利益主体的利益,否则合约所约定的条款就会遭到破坏,企业就会重新组合,签订新的合约,从而形成一个新的经济利益主体。股东在企业只是承担有限的责任或风险,而且股东所承担的这种风险可以普遍通过投资的多样化来化解,因为他们可以将持有公司股份作为其总投资中一个组成部分。那么剩余风险已经转移给了经营者、员工、债权人和其他人,他们可能承担了比股东更大的风险。所以企业应该为所有利益相关者的利益服务,而不应该仅仅是为股东的利益服务,企业考虑利益相关者的利益比仅仅考虑股东的利益运转得更好。

1.5 企业能力理论

企业竞争优势的源泉是什么?企业如何保持持续的竞争优势?许多企业理论研究者从企业内在成长的角度分析,把企业竞争优势归因于企业所拥有的特殊能力。进入20世纪60年代后,一种全新的企业理论——企业能力理论应运而生。

能力理论认为能力是企业有效使用资源,并使其相互作用,从而产生新的能力与资源的能力，其本质是组织在某一方面的知识，是确定资源组合的生产力。企业能力理论主要研究企业的能力分工，认为企业中蕴涵着一种特殊的智力资本，确保企业以自己特有的方式更有效地从事生产经营活动。它的内涵包含三层内容：(1)企业的核心是企业所拥有的竞争力，其本质是一个能力体系；(2)企业的能力储备决定着企业的经营范围，能力的差异是企业持久竞争优势的源泉；(3)积累、保持和运用能力开拓产品市场是企业长期竞争优势的决定性因素。该理论的根本出发点是企业的异质性，具有稀缺性、不可模仿性、难以替代性等这些独特的战略性资源形成企业技术竞争力，使企业能够长期获得租金。但是该理论体系没有形成统一的理论形态，有许多流派，包括核心能力理论、动态能力理论以及基于流程的能力理论等。

核心能力也称核心竞争力，这一概念由美国著名管理学家普拉哈拉德和甘瑞·哈默(C. K. Prahalad 和 G. Hamel)于 1990 年提出的。在他们所著的《企业核心竞争力》(*Core Competence of the Corporation*)一文中，把核心竞争力界定为"使得商业个体能够迅速适应变化环境的技术和生产技能"，是"组织中的累积性学识，特别是运用企业资源的独特能力"。目前，关于核心竞争力使用最广泛的说法，来自希特(Michael A. Hitt)和爱尔兰(R. Duane Ireland)的定义：核心竞争力是能为企业带来相对于竞争对手的竞争优势的资源和能力。企业核心能力理论发展至今，主要有以下观点：(1)企业本质上是一种能力集合体。核心竞争能力表现在企业业务链、价值链上某些特定的节点上，对竞争优势起决定性作用。核心竞争能力具有基础性、功能性、根本性和长期性，能使企业获得稳定持续的竞争力和超额利润。(2)积累、保持和增强能力是企业维持长久竞争优势的关键。企业要想获得持久的竞争优势，就必须准确把握未来市场的发展趋势和技术发展的方向，在建立、强化和发展核心能力方面不懈努力。(3)持续学习是企业获得核心能力的最有效途径。企业获得核心能力最根本、最有效的途径是持续学习。

动态能力理论源于 20 世纪 90 年代市场环境变化的特点而产生的。因为企业外部经营环境变化越来越剧烈，技术创新的速度不断加快，企业之间的竞争也越来越激烈，所以企业动态能力这个概念一提出后便得到许多学者的认同。该理论的代表人物是 R. D. Aveni，他于 1994 年出版了《超越竞争》一书，全面阐述了动态能力理论的框架。动态能力理论是指企业能有效地掌握变化万千的商机，持续地建立、调适、重组其内外部的各项资源与智能来达到持续竞争优势的一种弹性能力。动态能力具有三个基本性质：一是存在解决问题的能力(最低要求)；二是快速变化的问题出现(环境的特点)；三是存在企业解决问题方式的能力(高阶的可以改变能力的能力)。明确提出"动态能力"战略观的是 Teece,Pisano 和 Shuen(1997),他们在《动态能力与战略管理》一文中把演化经济学的企业模型和"资源观"结合起来,以组织过程、位置和发展路径三要素为基础,提出了一个"动态能力"战略观的框架,强调战略管理在适当调整、整合和重构内外部组织技能,资源和功能能力以及与变化环境要求相匹配的关键作用。

基于流程的企业能力理论是波士顿顾问咨询公司的斯托克(G. Stalk)和舒尔曼(L. E. Schulman)等人创建的,他们认为企业成功的关键不仅仅在于核心竞争力,企业家的行为方式更是极其重要,即生产能力的组织活动和业务流程,并把改善这些活动和流程作为首要的战略目标。每个企业都必须管理一些基本业务流程,如新产品的实现,从原材料到最终产品,从营销、订货,到实现产品价值,每个流程都在创造价值,每个流程也都要求部门间的协同配合。因此,尽管各个部门可能拥有自己的核心能力,但是关键在于管理这些流程,使之成为竞争能力。管理者应把自己的管理重点放在支持这些能力的基本设施以及员工的培训上。企业为培养这种能力,必须考虑以下 4 个原则:(1)公司战略的基础不是产品和服务,而是业务流程;(2)竞争的成功取决于将公司的关键流程转换为能为顾客提供较高价值的战略能力;(3)公司通过对支持基本设施做战略投资来获得这些能力,这些设施连接传统的战略经营单位和部门,并超越了这些单位和部门;(4)由企业最高管理者来协调部门。

通过以上简单地回顾和分析企业能力理论各个流派表明,企业能力本质上是知识专有的,具备知识的一切属性;从基本分析对象看,企业能力理论从职能性活动转向了企业内部过程;与过去往往割裂企业内部分析和外部因素分析的企业理论不同,企业能力理论试图统一企业的生产功能和交易功能,形成对企业内部和外部的整体认识;从分析维度看,企业能力的分析涵盖了企业的辅助性资产,知识和技能,企业过程和企业文化价值等;从企业能力的分类看,企业能力的分类应该围绕企业知识和过程的整合处理;从方法论看,事后理性限制了企业能力理论的诠释力和预测力,还有待研究;从企业演变的角度看,企业能力理论强调企业的动态一致性。这些特点使企业能力理论区别于已有的理论,无疑该理论大大促进了企业理论的发展,成为目前企业战略研究的主流理论之一。

第 2 章　演化经济学的发展回顾

2.1　演化经济学的产生

演化经济学较早可以追溯到古典经济学派的亚当·斯密(Adam Smith),他在《国富论》中以制针业作为例子,说明了专业化劳动分工在提高生产率方面起到了非常重要的作用,而专业化引起了一些机器的出现,这些机器广泛的使用又加速了专业化分工,从而促进了社会的发展。该例子表明,社会的发展是一个动态的过程,专业化分工促进了技术的进步,技术的进步加速了专业化分工,它们之间的动态演化促进了经济的发展①。

从演化经济学的思想发展史上看,在达尔文之前,进化理念已经在各学科中得到普遍提倡与发展,拉普拉斯的天文学、莱尔的地质学、巴尔的胚胎学都蕴涵了进化的思想。而在社会科学领域,孔德、黑格尔和斯宾塞在探询人类经济社会形态变化规律时也都显示出了演化的思想倾向②。尤其黑格尔,他的进化思想集中表现在他的社会有机论中。该理论认为社会是一个有机体,而不是个体的某种简单联合体,组成整体的各部分之间互相联系、互相依存,并且个体的性质是由他所在的社会性质决定。不难发现,黑格尔的社会有机论思想和现代演化经济学倡导的个体群思考以及综合进化思想是完全一致的。演化经济学思想灵感的奠基者是提出生物进化论的达尔文(C. R. Darwin)。达尔文在其巨著《物种起源》中提出了生物进化的自然选择学说,该学说主要包括以下三个

① 2002 年 3 月 27 日,陈平教授与哥伦比亚大学的 Nelson 访谈录。

② 杨虎涛.演化经济学的过去、现在和将来[J].社会科学管理与评论,2006(4)

和谐统一的观点:(1)生存斗争的理论。任何一种生物的繁殖能力都很强,在不太长的时间内能产生大量的后代。但因为生物的生存条件有限,生物在争夺有限的空间和食物的情况下,同种生物个体之间,种与种之间、生物与无机环境之间不断进行着激烈的生存斗争,斗争的结果是具有较强竞争力的个体生存下来,而缺乏竞争力的一部分却被淘汰。(2)物种变异的理论。在生存斗争中,具有有利变异的个体将幸存并会将这些变异遗传下去;而不利变异个体则很容易地被淘汰掉。达尔文把这种适者生存,不适者被淘汰的过程叫做自然选择。在长期的自然选择过程中,微小的有利变异得到积累变为显著变异,从而产生了适应特定环境的生物新类型。(3)适者生存的理论。生存条件一直在变化,如果物种的变异适合于变化的环境,那么就在生存斗争中取得胜利而发展;如果物种的变异不适宜于它当时生存的条件,那么就趋于衰减或灭亡。

深受达尔文进化论影响的凡勃仑(T. B. Veblen),把进化隐喻看作是理解资本主义经济的技术和制度变化的基本方法,认为经济学应该抓住演化和变化这个核心主题,而不是新古典经济学从物理学中所借入的静态和均衡思想[①]。在《经济学为什么不是一门进化的科学》这一开创性的文献中,凡勃伦强调,"近代科学"的特征是追求"累积的因果关系",而"思考习惯"是经济学中用来说明人类行动以及行动所带来的"经济利害"的中轴。经济学也应该是进化的,它应当是"由经济的利害所规定的文化的成长过程的理论"。在凡勃伦看来,包括斯密在内的绝大多数持演化观的经济学家只能算是前达尔文主义,他们以持有本身是"善"的、成为"常态"的"自然法则"为中心。根据这种方法,只会产生把现实变化当作是"正常"的发展路径的"超进化论的先入之见"。凡勃伦倡导的是后达尔文式的思考方法,它要求从"产生因果关系的"的累积过程出发来解释变化。熊彼特(J. A. Schumpeter)在《经济发展理论》一书中他将创新看作是经济变化过程的实质,借用生物学上的术语,把那种所谓"不断地从内部革新经济结构,即不断地破坏旧的、创造新的结构"的这种过程,称为"产业突变",并指出资本主义经济是一个以技术和组织创新为首要特征的演化的动态系统。由于他是较早解释资本主义的演化发展理论,因此被美国经济学家纳尔逊(R. R. Nelson)奉作"演化经济学"的先驱。马克思把资本主义的生产组织视为一种动态的演化体系,这种演化的动力来自于生产力的发展以及生产力与生产关系之间的矛盾。这些理论都为演化经济学的发展奠定了思想基础。

1982 年纳尔逊和温特(S. G. Winter)的《经济变迁的演化理论》的出版,标

---

① 贾根良. 进化经济学:开创新的研究程序[J]. 经济社会体制比较,1999(3)

志着演化经济学已经形成一种比较系统的新的经济理论。在书中纳尔逊和温特强调“变异、遗传、选择”的研究范式的普遍适用性，有关社会经济演化的完整分析框架也是由三种机制所构成[①]：(1)遗传。纳尔逊和温特在其著作中讨论了类似基因的企业惯例的作用，它是企业的组织记忆，执行着传递技能和信息的功能。但他们又认为，惯例并不是达尔文主义意义上的基因，其突变(他们称之为创新)是有目的而非随机的，并且获得的新惯例是“可遗传的”。(2)变异机制。在纳尔逊和温特的经济演化范畴中，知识就是惯例的核心要素。演化经济学是知识经济理论的开拓者，但一种更系统和更完备的知识理论仍有待于创造。目前，演化经济学的不同研究传统在新奇创生的方式上已取得了一致性的看法：新奇创生是现有要素新组合的结果；更重要的是，由于人们怎样和在什么地方搜寻新知识主要地取决于他们知道什么和他们从前做了什么，并不是所有的技术或制度等发展路径都具有同样被探索的机会，新奇创生必定是路径依赖的。(3)选择机制。选择机制所研究的是变异或新奇在经济系统中为什么、什么时候和怎样才能被传播？演化经济学认为“从群体层次来看，任何个体的决策，无论是创新、模仿或保守的，都影响到群体中全部行为的相对频率”。不管创新者主观偏好如何，竞争过程将对其进行选择。在创新扩散的初始阶段，旧的思维和行为习惯就有可能将创新扼杀在摇篮之中，但如果系统是开放和远离均衡的，由于自增强的作用，创新就会通过系统的涨落被放大，从而使之越过某个不稳定的阈值而进入一种新的组织结构。当新结构形成后，自增强机制将使新思想和新的做事方式进入快速扩散阶段，最后演变成社会流行的状态，这就是凡勃仑有关思维和行为习惯的惯例化过程。

2.2　演化经济学的发展

因为资源的有限性，物种与物种之间、物种内部个体之间只有通过竞争性斗争，才能获得相对比较丰富的资源适合环境变化而得到生存发展，所以变异、遗传、选择和斗争被认为是生物之间的生存斗争所演化的主要原因。所以由“变异、遗传、选择和斗争”研究范式形成的达尔文主义，在很长一段时期是演化经济学的主要观点和研究方法。霍奇逊(G. M. Hodgson)和肯德森等人也都

① 贾根良.理解演化经济学[J].中国社会科学，2004(2)

一直积极倡导达尔文主义，他们认为剔除掉细微的差异之后，以一个理论的概括力，所有的经济演化过程无一例外地具有同一的基础性流程，那就是变异、选择和扩散。

以魏特(U. Witt)和福斯特(J. Foster)为代表的一些经济学家则强烈反对在演化经济学中使用生物学隐喻，他尖锐地指出："把生物学的思想移植到经济学中来仍然存在着严重的缺陷……关于经济现象如何演化的重要思想是独立地产生于达尔文主义启示之外的。"他们认为组织的适应性变化是有意识地发生的，是作为对所观察到的不断变化的环境压力的一种回应。主张将企业置于一个开放的、复杂的经济环境中，一方面企业通过内部多种因素之间的协调作用推动自身演化发展，另一方面企业通过不断地与外界交换物质和能量，在内部某个因素的变化达到一定的阈值时，经过涨落企业可能会发生质变，由原来的混沌无序状态转变为一种新的在时间上、空间上或功能上的有序状态实现组织自身演化。福斯特和魏特都主张用自组织理论替代达尔文主义，在他们看来，"自组织理论为演化过程提供了一种抽象的和一般的描述"。1993年，考夫曼论证了自然选择不能单独地解释复杂有机体的起源，一个统一的演化经济必须处理经济体的自组织和竞争。斯坦利·梅特卡夫(J. Stanley Metecalfe, 2004)指出："经济是由大量的行为者通过许多种局部联系并在遭遇到大量噪声的状态中交互作用形成的，这是一个极其复杂的、散布着各种交互作用的自组织过程。"这种主张将企业置于一个开放的、复杂的经济环境中，一方面企业通过内部多种因素之间的协调作用推动自身演化发展，另一方面企业通过不断地与外界交换物质和能量，在内部某个因素的变化达到一定的阈值时，经过涨落企业可能会发生质变，由原来的混沌无序状态转变为一种新的在时间上、空间上或功能上的有序状态。

是继续沿用达尔文主义还是用自组织理论取而代之？这是演化经济学发展过程中一个争论比较激烈的问题。福斯特和魏特等反对者之所以强调要疏离达尔文主义，一方面是担心出现牛顿力学束缚新古典经济学那样的局面，另一方面也是因为对于一个系统的理论而言，仅确定"新奇"这一核心还远不足以支撑起整个体系，自组织理论能提供更接近"科学"形式的路径；但霍奇逊和肯德森等人之所以在承认自然和经济的区别之后仍坚持使用达尔文主义，不仅仅是坚信演化哲学的普适性，更为重要的是，自组织理论有可能使形式化和模型化再度泛滥在演化经济学中，而这一点则正是他们长期以来反对的。

现代演化经济学的一个重要进展就是吸收了复杂系统理论的思想，探讨不同层级之间的自我适应和自然选择的相互作用关系。其中，共同演化便是指不同互动者之间存在相互的反馈机制，它们的演化动力交织在一起，即一个互动者的适应性变化会通过改变另一个互动者的适应而改变其演化轨迹，后者的变化又会进一步制约或促进前者的变化，不同层级之间的互动者的共同演化将促使社会经济系统的演化更加的复杂和充满不确定性。Norgaard(1984 和 1994)是第一个明确地将共同演化概念运用于社会文化、生态经济领域的学者，他认为共同演化是人类物质、思想和价值观与非人类环境相互依赖、相互交织的变化。Lewin (1999)也提供了一个企业、产业、制度和外部制度环境的共同演化理论，并认为各个层面的变迁模式可能是不同的。Johann Peter Murmann (2003)在著作《知识与竞争优势：企业、技术和国家制度的共同演化》中，通过分析产业(合成燃料产业)、技术(新合成染料的发明)和国家制度(大学教育体系和专利法等)的共演模型，揭示了合成染料产业在德国的兴起及其产业竞争力的形成和演变；J. Tan 和 D. Tan(2005)运用复杂理论与组织学习理论，采用动态方法实证研究了转轨背景下企业战略与环境的共同演化关系。

共同演化思想的一个基本假设是，变化发生在所有相互作用的组织种群中，允许变化被直接的相互作用和来自于整个生态系统其他部分的反馈所驱动。换言之，企业是环境系统的一个要素，企业通过与环境中其他要素的互动来影响环境的变化，从而创造对自身有利的外部条件；而环境反过来又影响企业的行为，迫使企业适应其他企业和要素的变化。所以，一个组织系统的共同演化参数与生物共同演化类似，Baum 和 Singh(1994)用"反馈"、"相互依存"、"互为因果或循环因果"，而 Volberda 和 Lewin(2003)则用"多层嵌套"、"多向因果"、"非线性"、"正反馈"、"路径依赖"来解释共同演化。共同演化理论把企业放在一个开放的、复杂多变的环境当中，以动态的、演化的理念来分析和理解企业的存在与发展规律，其中心思想为企业的变异、选择和演化，企业遵循着创新(变异)、市场检验、适应并发展的循环演变规律，同时强调企业与周围环境之间的互动。

"共同演进"在战略管理中的应用，最主要体现在"共生的商业生态系统"。它的核心思想是，企业战略在动态非线性的复杂环境下，要以创建一个共生的商业生态系统为重点，关注嵌入系统的不同参与者和过程的动态张力，以及它们之间的相互关系，同时，在自适应机理的作用下，这种"共同演进"不仅体现在系统内各企业组织之间的共同演进，还体现在环境和企业战略的共同演进。实际上，就是企业在共生商业生态系统的战略思维引导下，强化企业网络组织结构背景下的关系管理能力和自适应能力，最终实现企业战略与环境，以及商业生态系统中各个网络组织的共同演进，实现企业业绩提升和商业生态系统进化的目标。

2.3 演化经济学与主流经济学的比较

当我们回首凡勃伦的《经济学为什么不是一门进化的科学》一文时，我们惊奇地发现具有划时代意义的文章只是引起旧制度经济学的关注，却很快被新古典经济学的浪潮所掩盖。这种掩盖如此之长，以致在20世纪，对于演化经济学来说，是“黑暗时代”，是“丧失了机会的世纪”。这实在是个非常奇怪的现象，因为在19世纪末期，达尔文革命所引发的反本质论思想无论对当时的自然科学还是社会科学都产生了颠覆性影响，达尔文所倡导的一系列理念，都使各学科共同体找到了新的发展方向，但经济学却似乎无动于衷[①]。《物种起源》发表于1859年，马歇尔的《经济学原理》发表于1890年，凡勃伦的《经济学为什么不是一门进化的科学》则发表于1899年，这说明虽然经济学有充分的时间吸收和消化演化经济理念，但仍然放弃了它，转而从在16、17世纪就已经成型的牛顿力学体系和数学工具中寻求帮助。20世纪初期，思维方式的变革已经悄然发生，本质论、机械主义和简单还原主义从那个时候起已经开始被各学科共同体所放弃，物理学中的量子学说取代了经典的牛顿力学体系。20世纪下半叶，复杂性科学所取得的进展更进一步加速了本质论的崩溃，非均衡、非线性的动态系统特征开始成为各类学科共同体新的认识论基础。分子生物学和古生物学的进展使目的论、方向性越来越受到怀疑，行为科学、后弗洛伊德心理学、脑科学诸领域所取得的进步也使新古典的重要基石——“完全理性”——开始出现松动的迹象。

主流经济学中的企业理论，包括新古典企业理论、交易成本理论和委托代理理论等等，都是在较高的普遍性标准上解释企业的本质和行为规律性。虽然主流经济学中的企业理论取得了科学的形式，但是这些理论不断受到一些经济学者的质疑[②]，西蒙(P. Simon)认为经济决策主体面临不确性时，决策人的计算能力是有限的，经济决策主体缺乏完整统一的、能对可能选择进行排序的效用

① G. M. Hodgson Evolution and Institutions: On Evolutionary Economics and The Evolution of Economics[M]. Cheltenham, UK and Northhampton, MA: Edward Elgar, 1999.

② 杨虎涛.演化经济学的过去、现在和将来[J].社会科学管理与评论,2006(4)

函数，经济决策主体的备选方案是有限的，不能对不确定性的未来事件估计出一个概率。Becker(1976)提出非理性概念对主流经济学的理性假定进行修正，他区分了非理性的两种基本含义：冲动和惰性，前者与概率问题相联系，后者受过去选择的影响。此外，熊彼特、哈耶克、缪尔达尔、罗宾逊、布坎南、科斯、诺思等经济学家推进了经济学研究的社会化倾向，他们认为，在这些主流企业理论的实质性思想中，集中注视的事物是企业个体而不是企业群体；是最优化(最大化或最小化)行为而不是习惯遵从；是"理性预期"的假定而不是不正确性或无知；是最终状态、固定点或均衡而不是演化过程；等等。简言之，对主流经济学的不满与争议已经累积到了一个无法和缓的地步，经济学界开始重新审视演化经济学。

与此同时，对现实经济现象解释力的匮乏也加速了新古典的衰落并与此同时推进了演化经济学的发展。大量的创新行为和报酬递增现象的存在，人类学习和知识积累所展露出的惊人创造力使桑巴特所称的文艺复兴时期以来的积极理想主义乐观经济学再次出现复兴迹象①。尤其在 2008 年以来的全球金融危机中，主流经济学家受到"经济学家为何对本次金融危机毫无作为"的质疑，使得主流经济学的解释力和预测力受到极大的挑战。经济学不能再孤立地关注"作为交易者和消费者的人类"，而应该关注"作为生产者的人类"在知识扩展下的无限潜能。现在，演化经济学正在融入到主流经济学的理论中。许多学者认为，经济学理论即将迎来"第三次分叉"，演化经济学将成为 21 世纪经济学的主旋律，演化经济学的发展将贯穿整个 21 世纪。例如，2009 年在旧金山召开的美国经济学年会，涉及演化经济学研究的就有三个分会场。霍奇逊(Geoffrey Hodgson,2007)甚至乐观地认为，经济学的研究范式出现了演化转向。

客观地评价，虽然演化经济学回归大社科的路径取向代表了经济学最终的发展方向，对新古典的批判也具有充足的理由，然而，以波普尔的"简单的、新的和强有力的"标准评价，无论就理论的系统性、解释力，还是实质性的政策贡献看，演化经济学总体上还处于一种无序态，目前仍处于一种"繁荣的非主流"境地②。演化经济学当前的发展所面临最突出的困难是其分析基础问题，如何完善演化理论体系上和分析框架上还存在很大的分歧。演化经济学家自己也承认，当前要对演化经济学进行准确分类甚至给出一个比较贴切的定义都十分困难(霍奇逊,2005)。

---

① 杨虎涛. 经济演化思想的演进与走向[J]. 学术研究,2006(4)

② 杨虎涛. 演化经济学的过去、现在和将来[J]. 社会科学管理与评论,2006(4)

2.4 争论的终结与发展方向

不管是演化经济学与主流经济学之间的争论，还是达尔文主义与自组织理论之间的分歧，其实这些争论的焦点可以归结为：什么是推动经济社会发展进步的原动力？

博弈论中的囚徒困境问题和演化经济学中的达尔文主义，它们实际上共同认为推动经济社会发展的根本在于竞争。因为物质资源是有限性的，所以物种与物种之间、物种内部个体之间只有通过竞争性斗争，才能获得相对比较丰富的资源，适应环境变化的行为使得自身得到生存发展，所以竞争性斗争是推动社会经济发展的主要原因。不同的是，囚徒困境的博弈分析解释在静态状况下，竞争性的斗争往往达不到帕累托最优，能达到的稳定均衡策略是相互不合作。达尔文主义却用"变异、遗传、选择和斗争"的系统解释斗争的力量，经过斗争和选择，遗传一些适应环境的优良"遗传因子"，不适应环境发展的"遗传因子"逐渐被淘汰和"变异"，归根结底，斗争是推动社会经济发展的根本。

在《国富论》的论述中，斯密"经济人"假设是以追求个人利益最大化为目的并积极从事经济活动的主体。斯密认为"经济人"具有利己本性，在经济活动中会导致人们完全追求个人利益而不会顾及其他人利益，但由于每个人的谋利活动受到其他人的谋利活动的限制，受到市场经济这只"看不见的手"的作用，每个人的这种利己行为最终会促进社会的利益。从斯密的思想中我们可以领悟到"帕累托最优"的机制，社会上每一个"利己"的个人实际上也在"利他"，实现了帕累托最优。从而表明推动社会进步的原动力是"帕累托最优"这个思想观点被委托代理理论发展完善，委托代理理论的个人理性和激励相容条件，解释了"帕累托最优"是经济社会发展的动力源泉，并将"帕累托最优"的思想方法应用于各种组织活动中，提高经济组织的效率。自组织演化理论和最近发展起来的共同演化理论的思想根源与斯密的思想观点、委托代理理论一致的，只不过如委托代理等主流经济学采用的是简化分析法，将每一个经济体划分为一个自成封闭、可预测的系统，自组织演化经济学和共同演化理论则将经济、社会、文化置于一个开放、演变的系统。个体的经济活动引发了自身与外界不断进行信息、能量和物质的交换，这样的信息和物质资源交流是个体适应外部环境，获取尽可能多利润的体现，实现帕累托最优，从而导致系统的演变是一个有序的、有一定规律性的结构演化。

从这个角度看，演化经济学与主流经济学的最根本性区别在于分析方法的不同。主流经济学采用简化分析方法，将每一个经济体划分为一个自成封闭、可预测的系统；演化经济学不管是达尔文主义还是自组织、共同演化理论，都是从社会整体出发，对个体自身内部组织结构，个体与外部环境之间，以及外部环境不同层级之间形成系统的理论。因此可以说，主流经济学是演化经济学的发展基础，演化经济学在主流经济学机械分割的基础上，形成系统的分析理论，这或许就是演化经济学的发展方向。

第3章 企业投资活动中的学习行为分析

经济学是一门研究人类经济行为互动过程的学科,研究人的互动就离不开研究"模仿学习",因为模仿学习是人类互动的基本行为,人类的经济活动中广泛存在各种各样的模仿行为,如从众消费、股票买卖的羊群行为、技术创新中的模仿学习等等。尽管模仿行为在哲学、心理学和教育学领域得到充分研究,如古希腊时代的亚里士多德(Aristotélēs)就开始从心理学和哲学角度研究"模仿"行为,但是,在整个经济学的演变过程中,对模仿学习的忽视,或未将模仿学习作为经济学的重要概念来对待,大大减弱了经济理论的解释力。直到20世纪90年代,经济学家们才开始把模仿学习作为经济行为中的一个基本过程进行研究,并尝试着将模仿(羊群行为、从众行为等等)作为内生变量引入经济学分析框架[①],出现了经济学理论分析中各种各样的学习模型,成为研究微观经济主体行为的一个重要理论工具。

均衡是经济学中的重要概念,如何合理解释均衡?传统的经济学观点是:均衡是在博弈的规则、参与者的完全理性以及行为人的支付函数是共同知识的背景下,由参与人的分析和自省所得出的结果。基于纯理论方法的学习理论着手从两个方面修改传统的均衡理论:(1)参与人的有限理性;(2)博弈环境的不断变化。因此,基于纯理论方法的学习理论对均衡的解释是:均衡是有限理性的参与人随着时间的推移寻求最优化过程的一个长期演化结果(Fudenberg,1998),其中"学习模型"是用来描述行为人寻求最优化过程时的一种行为规则。概括起来讲,现有的"学习模型"可以分成个体学习模型和群体学习模型两类。个体学习模型是对每个行为个体学习过程的单独建模,主要包括虚拟行动过程(Krishna 和 Sjostrom)、强化学习模型(Bush-Mosteller)、自确认学习(Dekel,Fudenberg 和 Levine)和最佳反馈学习(Young,1998)等。群体学习模型是通过

① 任寿根. 模仿行为经济学分析[J]. 经济研究,2002(1)。

行为人个体学习的综合去反映群体行为，但是群体行为并非所有个体行为的简单相加，而是存在一定的系统涌现性，如模仿者动态（Hofbauer 和 Sigmund，1984），选择突变方程演化方法（Eigen，1971）、神经网络方法、遗传算法（Rechenberg，1973；Holland，1975）等。

但是，现有的基于纯理论的学习模型研究方法存在两个缺陷：(1)这些模型很难得到计量经济研究数据的足够支持。(2)该模型虽然能比较充分地解释了在既定的博弈规则下，行为人之间不同行为的选择对对方的影响，但是没有解释行为人之间本身所存在的影响关系。因为行为人所具有的品质和基础条件是不一样的，所以在竞争过程中表现出来的影响力也不同，而这个影响因素没有在博弈论分析中体现出来，也就没有在基于纯理论的学习模型中体现出来。譬如，在两个竞争企业之间，不仅仅是选择不同经营决策的相互影响，而且由于企业的不同经营条件和不同竞争地位所产生的影响，这种影响在企业选择不同策略之前就存在的，基于纯理论方法的学习理论却没有解释这种不同竞争地位所产生的相互影响。本书将利用生物物种之间的非自治竞争模型解释人类的模仿学习行为，而这样建立的学习规则能有效克服上述的两大缺陷，能够充分体现处于不同竞争地位的竞争者的不同经营策略。

3.1　竞争环境的描述与方程解

在一个完全信息、自由竞争下的一个企业，它的产品销量可以认为只受本企业产品的不断饱和的影响，即它的产品销售量 x 满足 Logistic 增长模型 $\frac{dx}{dt}=ax(1-\frac{x}{M})$，其中 M 表示 x 的最大可能值，a 表示企业市场销售量的增长率。实际上，每一个企业是处于竞争环境中的，不仅受到自身企业产品不断饱和的影响，而且受到对方竞争企业的产品销量的影响，使得本企业的销售量受到同行业企业产品销量的挤压。

我们可以将竞争环境划分为结构性变化与非结构性变化两类。结构性变化下的竞争主要是指由于技术变革与进步，或政府的产业政策变化引起的竞争。譬如，我们使用的手机从蜂窝式移动发展到 GSM（移动通信特别组）移动，这是典型的结构性变化，这种技术变革也使得砖头大小的手机瘦身到手掌大小的手机，面对这样的技术变革，所有生产企业都必须投资到 GSM 移动项目中，而放弃蜂窝式移动项目的投入。所以，从投资活动看，结构性变化引起的竞争性投资行为是坚决的，没有企业不为先进的技术尽最大投资力度，同时摒弃落后的生产技术。非结构性变化指的是技术状态与国家产业政策并没有改变，但是社会需求发生变化。这种社会需求的变化引发的行业内部企业之间的投资竞争是相当激烈，因为它是风险与机遇的共同体，如果能够把握好，可以充分利用市场机遇，使企业脱颖而出，成为引领行业的龙头企业；如果把握不好，直接导致企业背上包袱，使企业陷入困境。

这时我们将本企业面对的所有竞争企业归为一个企业，记为企业 2，并将本企业记为企业 1。现在要问，在非结构性变化下两个竞争企业如何选择投资策略呢？记每个企业的投资量为 F_i，其中 $i=1,2$。并记 $\alpha=\dfrac{F_1}{F_1+F_2}$ 和 $\beta=\dfrac{F_2}{F_1+F_2}$，则有 $\alpha+\beta=1$。其实，非结构性变化下两竞争企业的投资策略归结为如下的纳什均衡问题：

$$\max_{F_i}(R_i(F_i)-C_i(F_i)) \tag{3.1}$$

其中 R_i 和 C_i 分别表示企业 i 的利润函数和成本函数，一般可以设定它们均二次可导。

如何理解在一定投入下企业的产出？柯布－道格拉斯生产函数也是在完全信息和自由竞争假设下的一种产出设定。其实，在竞争环境中，企业的产出不仅受到企业之间的竞争水平的影响，而且受到社会总需求的影响。我们可以用 Lotka－Voterra 非自治竞争模型反映企业的生产技术水平、生产投入量以及社会总需求量对企业产出的决定性影响[①]，即如下刻画：

$$\begin{cases}\dfrac{dK_1}{dt}=K_1(1-\dfrac{K_1}{\alpha K}-k_{12}K_2)\\[2ex]\dfrac{dK_2}{dt}=K_2(1-\dfrac{K_2}{\beta K}-k_{21}K_1)\end{cases} \tag{3.2}$$

其中，K_i 表示企业 i 在投资量 F_i 下的产出量，k_{ij} 表示第 j 类企业的产品对第 i 类企业的产品的影响系数，K 是社会总需求量。

---

① 秦学志．基于博弈和 Lotka－Voterra 生物竞争机制的资产定价方法[J]．系统工程理论与实践，2003(9)

定理 1[1]　在条件 $\alpha k_{21}K<1$，$\beta k_{12}K<1$ 下，Lotka-Voterra 竞争模型(3.2)的稳定点为：

$$K_1=\frac{\alpha K(1-\beta k_{12}K)}{1-\alpha\beta K^2k_{12}k_{21}}\text{，}K_2=\frac{\beta K(1-\alpha k_{21}K)}{1-\alpha\beta K^2k_{12}k_{21}}$$

不仅仅企业的产出受到相互竞争的影响，而且企业产品在销售过程中也同样受到竞争因素的影响。具有较强竞争力的产品将获得较好的销售量，相对缺乏竞争水平的产品却滞销些。所以，我们同样采用 Lotka-Voterra 竞争模型刻画两个企业产品的市场销售量变化：

$$\begin{cases}\dfrac{\mathrm{d}x_1}{\mathrm{d}t}=a_1x_1(1-\dfrac{x_1}{K_1}-k_{12}x_2)\\ \dfrac{\mathrm{d}x_2}{\mathrm{d}t}=a_2x_2(1-\dfrac{x_2}{K_2}-k_{21}x_1)\end{cases}\tag{3.3}$$

其中 x_i 表示企业 i 的产品市场销售量；a_i 表示企业 i 市场销售量的增长率，$i,j=1,2$ 。

定理 2　Lotka-Voterra 竞争模型(3.3)存在三个稳定点：

(1)若 $k_{21}K_1>1$，$k_{12}K_2<1$，则 $x_1=K_1$，$x_2=0$ 为稳定点；

(2)若 $k_{21}K_1<1$，$k_{12}K_2>1$，则 $x_1=0$，$x_2=K_2$ 为稳定点；

(3)若 $k_{21}K_1<1$，$k_{12}K_2<1$，则稳定点为 $x_1=\dfrac{K_1(1-k_{12}K_2)}{1-K_1K_2k_{12}k_{21}}$，$x_2=\dfrac{K_2(1-k_{21}K_1)}{1-K_1K_2k_{12}k_{21}}$。

条件 $k_{21}K_1<1$ 与 $k_{12}K_2<1$ 是指企业 1 和企业 2 之间的产品都不是占有绝对性的垄断优势，企业之间可以形成相互竞争的格局，比较符合本书分析企业之间相互竞争、相互学习的实际，下文将全部采用这个假设前提。定理中的其他两个条件都说明两企业之间的某一方占有绝对性优势，形成寡头，本书不考虑这种情况。

从定理 2 的结果，我们马上得到以下推论：

推论 1　在 $k_{21}K_1<1$ 与 $k_{12}K_2<1$ 和 k_{ij} 不变条件下，当 Lotka-Voterra 竞争模型(3.3)处于稳定时，则：

$$\begin{cases}x_1=K_1-K_1k_{12}x_2\\ x_2=K_2-K_2k_{21}x_1\end{cases}$$

① 郑维敏. 正反馈[M]. 北京：清华大学出版社，1998

从上式可以看到,一般在自由竞争条件下企业的销售量应该满足 $x_i = K_i$,但是由于受相互竞争的影响,却满足上述方程组。对企业 1 来说,因为企业 2 的实际销售量是 x_2 ,所以受到竞争的实际影响是 $K_1 k_{12} x_2$,而不是 $K_1 k_{12} K_2$,对企业 1 也是一样。从这个角度分析,我们可以将 $k_{12} K_2$ 理解为企业 2 对企业 1 的潜在影响系数。

3.2 非结构性变化下企业投资活动中的模仿学习行为分析

非结构性变化指的是技术状态与国家产业政策不变,只是社会需求发生变化。反映在模型中,我们可以认为非结构性变化意味着影响系数 k_{ij} 不变,$i,j = 1,2$,而社会总需求量 K 在变化,这时在竞争环境中的企业应该如何选择投资策略?

引理 1 在条件 $\alpha k_{21} K < 1$,$\beta k_{12} K < 1$ 和 k_{ij} 不变条件下,Lotka-Voterra 竞争模型(3.2)处于稳定时,则:

$$\begin{cases} \dfrac{dK_1}{d\alpha} = \dfrac{1}{1-\alpha\beta K^2 k_{12} k_{21}} \cdot \dfrac{K}{\beta}(\beta + (2\alpha - 1) K_2 k_{12}) \\ \dfrac{dK_2}{d\beta} = \dfrac{1}{1-\alpha\beta K^2 k_{12} k_{21}} \cdot \dfrac{K}{\alpha}(\alpha + (2\beta - 1) K_1 k_{21}) \end{cases} \tag{3.4}$$

这个结果可由定理 1 直接推导得到。

引理 2 在 $k_{21} K_1 < 1$ 与 $k_{12} K_2 < 1$ 和 k_{ij} 不变条件下,当 Lotka-Voterra 竞争模型(3.3)处于稳定时,则:

$$\begin{cases} dx_1 = \dfrac{1}{1 - K_1 K_2 k_{12} k_{21}}\left(\dfrac{x_1}{K_1} dK_1 - \dfrac{K_1 - x_1}{K_2} dK_2\right) \\ dx_2 = \dfrac{1}{1 - K_1 K_2 k_{12} k_{21}}\left(-\dfrac{K_2 - x_2}{K_1} dK_1 + \dfrac{x_2}{K_2} dK_2\right) \end{cases} \tag{3.5}$$

证明:通过定理(1)中的结论是指:

$$\begin{cases} x_1 = K_1 - K_1 k_{12} x_2 \\ x_2 = K_2 - K_2 k_{21} x_1 \end{cases} \tag{3.6}$$

对两式分别求微分,因为 k_{ij} 不变,所以得到:

$$\begin{cases} dx_1 = (1 - k_{12} x_2) dK_1 - K_1 k_{12} dx_2 \\ dx_2 = (1 - k_{21} x_1) dK_2 - K_2 k_{21} dx_1 \end{cases}$$

通过求解方程组,得:

$$\begin{cases} dx_1 = \dfrac{1}{1-K_1K_2k_{12}k_{21}}(\dfrac{x_1}{K_1}dK_1 - \dfrac{K_1-x_1}{K_2}dK_2) \\ dx_2 = \dfrac{1}{1-K_1K_2k_{12}k_{21}}(-\dfrac{K_2-x_2}{K_1}dK_1 + \dfrac{x_2}{K_2}dK_2) \end{cases}$$

定理 3　在 $k_{21}K_1 < 1$ 与 $k_{12}K_2 < 1$ 和 k_{ij} 不变条件下,两竞争企业的投资策略 (F_1, F_2) 满足:

$$\frac{F_1}{F_2} = \frac{\alpha P_1 K_1(\beta K - \beta K_1 + (\alpha-\beta)K_2^2 k_{12})/C_1}{\beta P_2 K_2(\alpha K - \alpha K_2 + (\beta-\alpha)K_1^2 k_{21})/C_2} \tag{3.7}$$

其中,$P_i = \dfrac{dR_i}{dx_i}$ 表示产品价格,$C_i = \dfrac{dC_i(F_i)}{dF_i}$ 表示投入量的每单位成本。

证明:由方程组 1 得到,企业的最优投资量 F_i 满足:

$$\frac{dR_i(F_i)}{dF_i} = \frac{dC_i(F_i)}{dF_i}$$

即

$$C_i = \frac{dR_i(x_i)}{dx_i}(\frac{dx_i}{dK_1}\cdot\frac{dK_1}{d\alpha} + \frac{dx_i}{dK_2}\cdot\frac{dK_2}{d\alpha})\cdot\frac{d\alpha}{dF_i} \tag{3.8}$$

将引理 1 和引理 2 的结果代入上式,并利用关系

$$\begin{cases} x_1 = K_1 - K_1k_{12}x_2 \\ x_2 = K_2 - K_2k_{21}x_1 \end{cases} \text{和} \begin{cases} K_1 = \alpha K - \alpha K k_{12}K_2 \\ K_2 = \beta K - \beta K k_{21}K_1 \end{cases}$$

化简得到:

$$\frac{F_1}{F_2} = \frac{\alpha P_1 K_1(\beta K - \beta K_1 + (\alpha-\beta)K_2^2 k_{12})/C_1}{\beta P_2 K_2(\alpha K - \alpha K_2 + (\beta-\alpha)K_1^2 k_{21})/C_2} \tag{3.9}$$

$k_{12}K_2$ 是竞争影响因子,并且该影响因子满足 $k_{12}K_2 < 1$,所以 $K_2^2 k_{12}$ 可以解释为企业 2 对企业 1 的竞争而造成潜能的损失。定理结论中的 $(\alpha-\beta)K_2^2 k_{12}$ 一项,自然是竞争性纠正,这种投资纠正自然跟系数 $\alpha-\beta$ 有关。如果不考虑投资纠正一项,那么企业之间的投资策略为:

$$\frac{F_1}{F_2} \approx \frac{P_1K_1(K-K_1)/C_1}{P_2K_2(K-K_2)/C_2} \tag{3.10}$$

这个结果很有意义,传统的投资理论分析一般利用产品价格 P_i 和投资品成本 C_i 解释企业的投资决策。但是,从本书的结论看,还有两个重要因素决定企业的投资存量,即:企业自身的生产规模 K_i,以及企业潜能与市场总需求之间的差距 $K - K_i$。

我们都清楚知道,企业自身对未来社会总需求的变化是很难预测的,如果

企业能正确预料未来需求的变化，那么这个企业将会不断超越同行业中的其他企业。不过，上述结论说明企业可以通过相互比较、相互学习感知到社会总需求的变化。也就是说，式(3.10)表明，如果己方企业感知到对方竞争企业不断加大投资，并且通过企业之间的成本和产品价格的比较，那么己方企业会感知到社会需求的变化，于是跟着对方企业加大投资力度，这就是投资活动中的模仿学习行为。

3.3 投资活动中模仿学习行为的实证分析

3.3.1 样本选取与数据来源

本书讨论的是非结构变化下企业投资决策中的模仿学习行为，这里选取房地产业中的万科地产与招商地产、机械制造业中上市比较早的两家工程机械专用设备制造龙头企业柳工股份与厦工股份、家电业中的美的电器与青岛海尔三组样本。这几家企业上市比较早，能够得到比较长的时间序列数据，本书从色诺芬数据库中取出上述三组样本的1994—2006年的年报数据，在不考虑折旧的情况下，企业的投资量近似等于当年年底的总资产减去年初的总资产值。

3.3.2 协整检验分析

由式(3.10)表明，企业投资行为的模仿学习表现在投资存量的同步性，所以本书采用Engel-Granger两步法对同行业两家竞争企业的投资量进行协整分析检验投资行为的模仿学习。如果同行业两家竞争企业的投资量具有较强的正协整关系，则完全验证在非结构变化下同行业企业之间的学习模仿行为。

用I_{wk}，I_{zs}分别表示万科地产与招商地产的投资量；I_{lg}，I_{xg}分别表示柳工与厦工的投资量；I_{md}，I_{he}分别表示美的电器与青岛海尔的投资量。运用ADF方法对$\ln(I_{wk})$、$\ln(I_{zs})$、$\ln(I_{lg})$、$\ln(I_{xg})$、$\ln(I_{md})$、$\ln(I_{he})$及其一阶差分进行平稳性检验，结果见表3.1。

表 3.1　投资量及其一阶差分的平稳性检验结果

变量	ADF 值	1%水平下临界值	5%水平下临界值	10%水平下临界值	结论
$\ln(I_{wk})$	0.952844	−4.200056	−3.175352	−2.728985	不平稳
$\ln(I_{zs})$	−1.456119	−4.121990	−3.144920	−2.713751	不平稳
$\ln(I_{lg})$	−1.221959	−4.121990	−3.144920	−2.713751	不平稳
$\ln(I_{xg})$	−1.390465	−4.121990	−3.144920	−2.713751	不平稳
$\ln(I_{md})$	0.317965	−2.771926	−1.974028	−1.602922	不平稳
$\ln(I_{he})$	−0.983009	−2.816740	−1.982344	−1.601144	不平稳
$\Delta\ln(I_{wk})$	−3.865121	−2.792154	−1.977738	−1.602074	平稳
$\Delta\ln(I_{zs})$	−4.243556	−2.792154	−1.977738	−1.602074	平稳
$\Delta\ln(I_{lg})$	−4.086481	−4.420595	−3.259808	−2.771129	平稳
$\Delta\ln(I_{xg})$	−6.666342	−4.420595	−3.259808	−2.771129	平稳
$\Delta\ln(I_{md})$	−6.065482	−4.200056	−3.175352	−2.728985	平稳
$\Delta\ln(I_{he})$	−5.002123	−4.297073	−3.212696	−2.747676	平稳

从表　中可以看出 $\ln(I_{wk})$、$\ln(I_{zs})$、$\ln(I_{lg})$、$\ln(I_{xg})$、$\ln(I_{md})$、$\ln(I_{he})$都是一阶单整的，并且几乎都通过 1%显著性水平检验。

对 $\ln(I_{wk})$、$\ln(I_{zs})$建立回归模型，得：

$$\ln(I_{zs}) = 0.569389\ln(I_{wk}) + 8.429583 \tag{3.11}$$

$$(4.452209) \qquad (3.100736)$$

其中，$R^2=0.643114$，$F=19.82216$，D. W. $=2.267680$

对 $\ln(I_{lg})$、$\ln(I_{xg})$建立回归模型，得：

$$\ln(I_{lg}) = 0.58547\ln(I_{xg}) + 7.974041 \tag{3.12}$$

$$(3.624696) \qquad (2.666578)$$

其中，$R^2=0.544295$，$F=13.13842$，D. W. $=2.415137$

对 $\ln(I_{md})$、$\ln(I_{he})$建立回归模型，得：

$$\ln(I_{he}) = 0.718668\ln(I_{md}) + 5.247338 \tag{3.13}$$

$$(3.535612) \qquad (1.264592)$$

其中，$R^2=0.531926$，$F=12.50055$，D. W. $=2.411296$

由回归模型(3.11)、(3.12)、(3.13)所生成的残差序列分别记为 e_{11}、e_{12} 和 e_{13}。对三组残差序列进行 ADF 检验，结果如下：

表 3.2 残差序列的平稳性检验结果

变量	ADF 值	1%水平下临界值	5%水平下临界值	10%水平下临界值	结论
e_{11}	−4.215210	−4.200056	−3.175352	−2.728985	平稳
e_{12}	−10.42569	−4.200056	−3.175352	−2.728985	平稳
e_{13}	−4.208384	−4.121990	−3.144920	−2.713751	平稳

由回归模型(3.11)、(3.12)、(3.13),以及表 3.2 的结果可知,$\ln(I_{wk})$和 $\ln(I_{zs})$,$\ln(I_{lg})$和 $\ln(I_{xg})$,$\ln(I_{md})$和 $\ln(I_{he})$分别都是(1,1)协整。所以,万科地产与招商地产,柳工股份与厦工股份,美的电器与青岛海尔之间的投资量具有较强的正协整关系,体现它们之间投资行为的模仿学习关系。

3.4 结 论

彼得·德鲁克认为竞争战略的主要目的是为了能比竞争对手更好地适应环境。国内一些学者[①]也普遍认为在竞争环境中,学习将成为企业的竞争优势之源,学习力就是竞争力,是核心竞争力。这里的学习自然包含两层意义:一是学习先进的技术和管理水平,摒弃落后的技术和管理水平,应该说这种的学习行为是坚决的,没有一个企业不为先进的技术尽最大努力。二是在技术水平和国家政策相对稳定的状况下,企业为了适应社会需求的变化进行模仿学习。如果企业的投资规模与市场的需求一致,能充分利用市场机遇,那么该企业将脱颖而出,成为引领行业的龙头企业。如果企业的投资规模与市场的需求不一致,企业对市场机遇把握不好,那么直接导致该企业背上包袱,陷入困境。

本书不仅利用数理推导分析了在技术水平和国家政策相对不变的状况下,企业之间投资行为的相互模仿学习,而且通过实际数据充分检验理论推导结果的正确性。所以,本书较以往的学习规则,如:基于纯理论的研究方法、基于实验的研究方法和基于行为研究的方法等,在两方面有所突破:一是利用 Lotka-Voterra 竞争模型解释企业之间投资行为的相互模仿学习,在解释过程中充分体现企业的不同竞争力对投资决策的影响;二是能充分利用市场数据验证本书得到的学习规则的正确性。

① 王华斌.学习力=竞争力[M].北京:金盾出版社,2006

第 4 章　基于演化原理的企业纵向一体化理论解释

纵向一体化是指企业将生产与原料供应，或者生产与产品销售联合在一起的战略形式，前者通常称为后向一体化战略，后者称为前向一体化战略。随着我国经济的快速发展，纵向一体化的经营行为越来越广泛，典型例子如中国石油化工集团公司、宝山钢铁集团公司和中国铝业公司等这些大型集团公司，集资源开发、生产加工与产品销售于一体，在公司内部形成强大的纵向一体网络体系。企业纵向一体化的理论解释也历来受到许多经济学者的深入研究，正如威廉姆森(Williamson,1971)所说，“垂直一体化经济理论是经济理论的一个重要课题，并且肯定是为组织经济学所关注的核心问题，是要解释经济活动在厂商、市场及一些混合组织方式之间的配置”。在众多研究纵向一体化的成果中，最具影响的观点是：产业组织理论和交易费用理论。

产业组织理论认为，上下游企业在生产过程中的依存关系是形成纵向一体化的主要原因，其中依存关系包括技术、生产组织、原料供应关系等。周勤、万兴(2005)通过转型时期政府主导下的中国电影产业纵向变革的原因和绩效分析，认为电影制作、发行和放映的纵向一体化，是各个市场主体激励相容结果，有利于社会福利的改善。杨蕙馨、纪玉俊、吕萍(2007)在《产业链纵向关系与分工制度安排的选择及整合》中指出通过实施不同的产业链纵向关系可以实现不同分工制度安排的选择与整合。李海舰等(2007) 通过引入产品价值网络的概念体系，试图在整合、修正传统 SCP 分析框架的基础上，构建一个基于模块化理论的新型产业组织分析范式——“DIM”分析框架，以期从立体多维层面实现对现代产业组织结构、行为、绩效更为全面的研究。表明寡头企业都建立了完善的全球供应体系，原材料或零部件业务逐渐剥离，组成具有独立产权的供应商。但各供应商都与双寡头协作，形成虚拟的纵向一体化生产机制或“自组织”机制。产业组织理论从上下游的依存度解释纵向一体化，所以，依存度不高的企业之间不一定利于纵向一体化。吴利华、周勤、杨家兵(2008)通过钢铁行业上市公司纵向整合与企业绩效关系实证研究分析,得出在企业纵向整合战略主导下中国钢铁企业的绩效与产业集中度之间存在负相关关系的结论。

由于交易费用理论主要从市场与企业的替代、资产专用性、可占用性准租、剩余控制权等方面进行分析,所以它在纵向一体化的经济学研究中占有比较重要的位置。威廉姆森(1971)是首先用资产专用性来解释纵向一体化的,他指出纵向一体化的目的是为了避免机会主义行为所可能造成的危害。史晋川、傅绍文(2004)在通过通用一费希尔公司收购案例研究分析中指出,联合所有权不仅可以解决物质资本专用性问题,也是解决人力资本套牢问题的有效途径。李映东(2005)在分析茂化实华停产风波时,指出茂炼股份利用自己对茂化实华专用性极强的资产的控制力量进行要挟,这种要挟直接表现为索取更有利的价格,但是控股茂化实华的北京泰跃不愿接受茂炼股份的条件,导致茂炼股份强制性停止原料供应和茂化实华停产。方世敏等(2007)对泛珠三角区域旅游产业纵向一体化进行了研究,企业应该按自身需要进行适当的抉择,纵向一体化战略存在众多的动因和收益,包括降低交易费用,联合生产获取范围经济,消除多重加价和道德风险的外部性,构筑进入壁垒。但也存在一定的成本和风险。蔡荣等(2007)试图运用交易费用经济学与产业组织理论与方法,从纵向一体化和横向一体化的视角建立一个理论分析框架,研究发达国家农业产业化组织治理机制及其效率特征,以期对我国农业产业化发展有所裨益。

本书将从另外一个视角——企业生态演化角度分析纵向一体化。企业演化原理告诉我们,企业的发展过程是一个多种因素协调作用的结果,这些因素以循环方式形成有序的组织,在一个特定环境下,某一个因素处于主导地位,在另一特定条件下,另外一个因素起着主导作用,所以一个企业的发展过程实际上就是企业自身条件与其环境因素相互作用、相互发展的一个演变过程,企业的经营决策根本在于吸收有利因素促进自身主导因素水平的提高,企业纵向一体化措施也是企业根据自身发展需要所进行适时调整的一种经营方式。

4.1 演化经济学与企业演化原理

从演化经济学的发展历史看,凡勃仑、熊彼特和马克思等人被公认为演化经济学的先驱。凡勃仑深受达尔文进化论的影响,把进化隐喻看作是理解资本主义经济的技术和制度变化的基本方法，认为经济学应该抓住演化和变化这个核心主题，而不是新古典经济学从物理学中所借入的静态和均衡思想。熊彼特(1912)在《经济发展理论》一书中将创新看作是经济变化过程的实质，指出资本主义经济是一个以技术和组织创新为首要特征的演化的动态系统。马克思把资本主义的生产组织视为一种动态的演化体系，这种演化的动力来自于生产力的发展以及生产力与生产关系之间的矛盾。这些理论都为演化经济学的发展奠定了思想基础。

正式确立演化理论在经济管理研究领域地位的是纳尔逊和温特，他们于1982 出版了经典著作《经济变迁的演化理论》。在书中他们提出一个吸收了自然选择理论和企业组织行为的综合分析框架，系统地把演化思想运用到企业管理研究。纳尔逊和温特构建了一个包含企业惯例、战略搜寻、技术创新和环境选择等要素在内的企业演化模型，从而使企业演化研究首次拥有了属于自己的分析框架，开始形成系统的企业演化理论轮廓。此后，众多的学者致力于演化经济学的研究，根据他们不同的视野和方法，主要形成四个流派：老制度主义传统学派、“新熊彼特”学派、奥地利经济学学派和法国“调节”学派。

在演化经济学的创造性综合研究中，面临一个首要问题：对于经济演化的分析基础来说，拓展达尔文主义框架，还是用自组织理论取而代之？虽然达尔文主义一直是演化分析的基本框架，但是福斯特(J. Foster，1997)认为，与生物学类比，无论是达尔文的还是拉马克的，其主要缺陷是非历史的；它也没有考虑到人类社会独特的创造和合作行为，魏特等(U. Witt，1997)对生物学类比作为演化经济学发展的基础都表示怀疑，他们不约而同地提出用自组织理论替代达尔文主义。在他们看来，“自组织理论……为演化过程提供了一种抽象的和一般的描述”。布洛克(D. Brook)和魏利(E. Wiley)等把生物个体之间的生存斗争看作是演化的主要原因，试图通过结合熵定理等热力学见解把演化理论一般化。1993 年，考夫曼强有力地论证了自然选择不能单独地解释复杂有机体的起源，一个统一的“新熊彼特”模型必须处理经济的自组织和经济的竞争。由此，自组织理论确立了利用生态系统分析经济问题的思想和方法，极大地丰富和发展了演化经济理论。

哈肯的“协同学”是最有代表性的自组织理论，伺服原理是它的一个基本原理。该原理是说，影响企业经营发展的因素可以分为两类：一类是临界处阻尼大衰减的快弛豫变量，它们虽然在临界过程中此起彼伏、活跃异常，但它们在企业自身演变过程中并不起主导作用，处于次要地位。另一类临界行为是慢弛豫变量，这类所谓的慢弛豫变量，在临界点前的行为不见得与快弛豫变量有什么明显区别，但当系统达到临界点时，它们出现了临界无阻尼现象。这类变量驱使着其他快弛豫变量的运动，企业演化发展过程中的最终状态或结构是由它们决定的，所以包括哈肯的“协同学”的自组织理论充分刻画了企业的演化过程，体现了企业的演化原理。

下面是伺服原理的数学形式(这里不考虑随机涨落项)：

$$\frac{\mathrm{d}x_1}{\mathrm{d}t}=\lambda_1 x_1-ax_1x_2 \tag{4.1}$$

$$\frac{\mathrm{d}x_2}{\mathrm{d}t}=-\lambda_2 x_2+bx_1^2 \tag{4.2}$$

式中 x_1 、x_2 是状态变量，λ_2 是阻尼系数，a、b 反映 x_1 与 x_2 的相互作用强度。方程(4.1)和(4.2)描述了两个子系统的相互作用关系。如果绝热近似条件成立，即 $\lambda_2\geqslant\lambda_1$ ，且 $\lambda_2>0$，则可采用绝热消去法，令 $\frac{\mathrm{d}x_2}{\mathrm{d}t}=0$ 得到方程(4.2)的近似解：

$$x_2=\frac{b}{\lambda_2}x_1^2 \tag{4.3}$$

将式(4.3)代入(4.1)，得到序参量方程为：

$$\frac{\mathrm{d}x_1}{\mathrm{d}t}=\lambda_1 x_1-\frac{ab}{\lambda_2}x_1^3 \tag{4.4}$$

从式(4.4)解出 x_1 后，代入式(4.3)可以解出 x_2 ，状态变量 x_1 由于阻尼小，并且寿命长，被称为序参量，它主宰着系统的演化，是系统发展的主导因素，而 x_2 却是快变量，是企业发展的次要因素，这种快变量伺服于慢变量的原理就称为伺服原理。

4.2 企业演化原理下的纵向一体化分析

前面介绍过，分析企业纵向一体化的现有理论很多，主要理论包括交易成本理论和产业组织理论。产业组织理论认为，上下游企业在生产过程中的依存关系(技术、生产组织、原料供应等关系)是形成纵向一体化的主要原因。该理论充分强调产业定位的重要性，详细分析信息不对称下企业具体的产业链整合策略。但是，产业组织理论的缺憾是没有充分考虑企业资源的异质性，没有考虑影响企业运营的重要因素的不断变化，如资源、技术、流程、能力要素等。这样，通过产业组织理论分析，我们只是知道企业如何通过纵向一体化策略来维持竞争优势，但是并不知道这些优势的源泉，以及这些优势源泉发生变化对纵向一体化策略的变化影响。从交易成本角度分析纵向一体化，在一定程度上符合实际，有研究表明，一体化和非一体化的厂商在分配资源上有所不同，被整合的企业由于主要依靠内部需求而对下游的市场需求不敏感，也就是企业纵向一体化之后容易提高内部组织成本。纵向一体化到底是否发生，取决于一体化节约的市场交易费用和带来的合并费用之间的比较，当前者大于后者时，纵向一体化就会发生。但是，迈克尔·迪屈奇[①]则认为只考虑交易费用的上述理论是一个半边理论，因为他们忽略了资源配置产生的效益，对于规模经济的有效利用，而不仅仅是交易费用的节约。迈克尔·迪屈奇将规模经济有效利用的程度和交易费用的节约结合起来，用来解释纵向一体化的多样化形态。但是规模经济的利用程度又取决于企业的差别化的技能。所以不管产业组织理论分析，还是交易成本理论，它们存在的缺陷提醒我们需要从企业的异质性，从企业的生态演化观点分析企业的发展状况，并根据自身资源特性，对外部环境变化适应性地做出纵向一体化策略选择。

同时，我们看到，如果将生物体与企业进行对比，我们发现两者存在极强的相似性：(1)生物体利用能量和物质，并不断成长，企业也在消耗物质和能量的同时生产产品；(2)所有多细胞生物都经历生长的各个阶段，企业也会经历不同的成长阶段；(3)同一物种个体的集合体构成种群，具有某种共同特征的企业集合构成产业；(4)占有一定空间的多种生物种群的集合体构成生态群落，各种企业的联合体或共生体构成产业块状经济组织；(5)自然生态系统内部成员之间既具有优胜劣汰、适者生存的竞争关系，又具有协作、共生关系，产业生态系统内部企业之间也具有竞争与合作关系，等等。并且，企业是由人及其相互关系组成的，为了完成一定的目标而建立的一个协调活动的系统，它与外部环境相联系，是一个开放的系统，需要对外部环境的迅速变化做出反应。一方面企业处在由自然、经济、社会、文化等因素构成的经济生态环境中，受经济环境的渗透影响和制约；另一方面，企业又在特定时期、特定生态环境下能动地与环境及其他企业相互作用，通过企业战略适应经济环境的发展，获取尽可能多的利润。企业的发展过程实际上就是企业根据自身条件与其变化环境因素相互作用、相互发展的一个演变过程。所以，从生态演化角度分析企业纵向一体化符合企业

① [美]迈克尔·迪屈奇. 交易成本经济学——关于公司的新的经济意义[M]. 北京：经济科学出版社，1999

发展实际，企业的纵向一体化策略是企业根据自身条件采取的适应环境变化的经营策略。

基于自组织原理的企业演化理论分析表明，企业的发展是一个不断演化的结果，企业的演化发展过程决不是某个因素单独作用的结果，而应该是多种因素如资源要素、市场需求、技术和制度等因素协调作用的结果，这些决定因素以循环方式进行自组织而形成有序的组织，在一个特定的时间或特定的区域，某一个因素可能处于主导地位，在另一特定阶段或区域，另外一个因素起着主导作用，这些因素的共同演进推动整个企业的发展。根据这些原理分析，正是由于企业的这种系统自组织性，使得企业这样一个复杂的系统在与外部环境进行物质、能量及信息的交换过程之中，根据自身的发展特点吸收有利因素促进企业主导因素水平的提高。纵向一体化措施能整合产业链上下游资源，减少上下游企业随意中止交易的不确定性，能确保企业在原材料方面得到充足的供应，或在产品销售方面能有一个畅通的产品输出渠道，提高企业生产经营的计划性、及时性和协调性，提高企业的经营能力，能够控制经营环境，保证市场一定占有率，提升企业长期获利的能力。所以，当原材料资源供应和市场需求对企业的发展起主导作用时，企业应该采取纵向一体化措施来促进这些要素水平的提高；相反，当"技术"、"制度"等因素是企业发展的主导因素，而不是资源供应和市场需求时，企业不必采取纵向一体化，因为纵向一体化不仅会增加企业内部组织的摩擦，提高企业的交易成本，而且该策略措施并不能直接明显地提高这些主导要素的水平。

4.3 纵向一体化的实证检验

4.3.1 基于SOM方法的聚类实证分析

自组织特征映射神经网络(Self-organizing Feature Map 简称 SOM)，也称为 KOHONEN 网络，是由芬兰学者 KOHONENT 根据人脑的自组织特性提出的一种无监督学习的神经网络模型。我们采用 2000—2008 年之间中国所有上市公司的销售费用、存货周转率、总资产、销售收入增长率、三年平均营业利润增长率等五个指标作为聚类输入字段，进行必要的数据预处理后一共获得 9065 条有效记录。聚类输出数设为 3，表明最终将得到三类簇群。把数据输入软件进行运算，得到其聚类的结果(见表 4.1)。

表 4.1　聚类结果表

指标＼类别	聚类 1(x=0，y=0) 数量(5201)	聚类 2(x=0，y=1) 数量(1886)	聚类 3(x=0，y=2) 数量(1120)
三年平均利润增长率	0.784 (0.228)	0.579 (0.072)	0.243 (0.152)
存货周转率	5.97 (2.47)	2.356 (1.812)	0.923 (0.428)
总资产 单位：亿元	28.62 (5.92)	46.06 (16.19)	89.73 (100.21)
销售收入增长率	0.647 (0.324)	0.329 (0.162)	0.201 (0.105)
销售费用 单位：亿元	0.79 (0.24)	1.52 (0.16)	3.50 (0.64)

(注：各指标的数值第一行为平均值，第二行括号内的为标准差)

从以上聚类结果表中我们发现聚类 1 与聚类 3 的各指标之间有着显著差异，聚类 1 中的上市公司三年平均利润增长率指标的平均水平高达 78.4%，体现聚类 1 中的企业盈利能力大大高于聚类 2、聚类 3 中的企业，同时销售收入增长率指标与三年平均利润指标有着相似的结果，因此可以表明聚类 1 中的企业盈利能力与成长性都比聚类 2、3 中的企业要好。聚类 1 中的企业的存货周转率平均值达到了惊人的 5.97，而聚类 3 中的企业平均值只有 0.923，说明聚类 1 中的企业原材料采购、生产、销售等环节的运作是非常迅速、畅通的，另一方面也说明了聚类 1 中的企业产品受市场欢迎，而现实中往往技术含量高或具有垄断性的产品会出现这样的情况。从总资产指标来看，聚类 3 中的企业平均总资产高达近 90 亿，而聚类 1 企业平均规模则只有聚类 3 的三分之一，可见聚类 1 的企业规模偏小。销售费用指标与总资产指标是类似的，但是我们从数据中可以看到聚类 1 企业的平均销售费用是聚类 3 的近五分之一，比总资产的差距更大，说明了规模大的企业由于存货周转率慢或产品竞争激烈，需要花费更多的销售成本。

通过对五个指标数据的分析,我们可以知道聚类1企业与聚类3企业有着不同的企业特征:聚类1企业规模小,成长性与盈利能力普遍比较高,原材料的采购与生产经营流程比较畅通,说明了聚类1企业产品的独特性,因此,聚类1企业生产发展的主导因素是技术要素;聚类3企业规模大,但是盈利能力和成长性明显低于聚类1企业,其原材料采购与销售环节都存在比较大的阻碍,可见影响聚类3企业发展的主导因素是企业控制的资源以及产品的市场需求。

再导出聚类列表,对聚类1、2、3中的企业进行统计,由于选取的是2000年到2008年的数据,原始的聚类列表存着比较多的重复聚类结果(如中国石化在2002到2008年都属于聚类3),于是我们从中提取2008年的聚类结果列表,得到1112条记录。依照上海证券交易所、深圳证券交易所对沪深300板块与中小企业板块的划分,我们得到下面的两个板块在聚类结果的分布统计表(表4.2),在1112条记录中,有203条是属于沪深300板块的上市公司,主要分布于聚类2与聚类3中,而总共有193家中小企业板块的上市公司,有159家聚集在聚类1中。沪深300板块的企业分布在聚类1中的12家企业。

表4.2 沪深300板块与中小企业板块分布情况统计表

	沪深300板块	中小企业板块
聚类1	12	159
聚类2	91	11
聚类3	101	23
总和	203	193

综合以上SOM方法的聚类分析,我们知道沪深300板块与中小企业板块内的企业具有明显特征差异。影响沪深300板块内企业发展的主导因素是原材料供应和市场需求,但是对中小企业板块来说,它们通过产品的创新性、适应性和小批量的灵活快捷反应经营方式来给企业创造利润,技术创新是这些企业的发展主导因素。

4.3.2 企业演化自组织模型的实证

根据以上的聚类分析结果,我们在上市公司中选择沪深300板块与中小企业板块,并选取这两大板块的2006和2007年数据进行比较实证分析。具体统计指标为：

(1)纵向一体化指标(S)。本书采用PIMS分析中的增加值指标(VAS)衡量纵向一体化程度[①]，该指标不是对纵向一体化事件进行统计，而是度量企业的纵向一体化程度，其公式为：

$$VAS=\frac{\text{增加值}-\text{税后净利润}+\text{净资产}\times\text{平均净收益率}}{\text{销售额}-\text{税后净利润}+\text{净资产}\times\text{平均净收益率}}$$

其中，增加值＝营业收入－营业成本；净资产＝总资产－总负债

(2)技术指标(T)。本书从无形资产着手来确定技术指标，无形资产的详细信息一般都会在上市公司年报的资产负债表附注中取得，技术资产的主要组成可以表述为：

技术资产 = 软件技术投资 + 专有技术 + 非专有技术 + 专利权[②]

这里我们为了让技术资产与资源指标在数值上相对应，我们把企业的技术资产再除以净资产，得到净资产技术率作为技术指标。

VAS增加值的计算所需的指标是通过色诺芬数据库收集的，我们删除了一些资产收益率异常的上市公司。而技术资产数据的筛选工作，则是通过逐一查找样本公司2007和2006年报中的资产负债表的无形资产附注[③]。这里需要说明的是，有些样本公司没有无形资产附注，有些样本公司则在无形资产附注中只注明各种土地使用权，无任何一种技术资产，因此我们在统计过程中删除这些公司，最终我们收集到沪深300中的186家上市公司，和中小企业板块的80家上市公司的实证数据。

(3)自组织演化模型的实证结果。

为了方便实证测算，我们把方程(4.1)和(4.2)离散化为：

$$x_1(k+1)=(1-\lambda_1)x_1(k)-ax_1(k)x_2(k) \tag{4.5}$$

$$x_2(k+1)=(1-\lambda_2)x_2(k)+bx_1(k)x_1(k) \tag{4.6}$$

首先，我们对中小企业的纵向一体化指标与技术指标进行回归分析，先假设纵向一体化指标为序参量，我们可以得到下列方程：

$$S(k+1)=(1-\lambda_1)S(k)-aS(k)T(k) \tag{4.7}$$

$$T(k+1)=(1-\lambda_2)T(k)+bS(k)S(k) \tag{4.8}$$

把80家中小企业板块上市公司2006，2007年的数据代入，进行回归分析，

① 渠立容，黄丹．纵向一体化战略绩效实证研究——以台湾地区为例[J]．安徽农业科学，2007(5)．

② 习晓纯，苏敬勤．基于序参量识别的生态产业网络演进方式研究[J]．科学学研究，2008(3)．

③ 数据来自深圳证券交易所网站www.szse.cn.和上海证券交易所网站www.sse.com.cn.

得到：

$$S(07) = 0.951445S(06) + 1.800258S(06)T(06) \quad (4.9)$$

$$(30.26762) \qquad (0.9615190)$$

$$R^2 = 0.760945 \qquad F = 248.2850$$

$$T(07) = 3.429591T(06) - 0.070628S(06)S(06) \quad (4.10)$$

$$(5.689898) \qquad (-1.217884)$$

$$R^2 = 0.257175 \qquad F = 27.00456$$

解得 $\lambda_1 = 0.0486$，$\lambda_2 = -2.4295$，$\lambda_1 \geqslant \lambda_2$ 且 $\lambda_2 < 0$，此时结果不满足绝热近似条件，所以应取技术指标为序参量，重新建立方程得：

$$T(k+1) = (1-\lambda_1)T(k) - aS(k)T(k) \quad (4.11)$$

$$S(k+1) = (1-\lambda_2)S(k) + bT(k)T(k) \quad (4.12)$$

代入数据得：

$$T(07) = 7.927843T(06) - 16.2145S(06)T(06) \quad (4.13)$$

$$(8.290291) \qquad (-5.743972)$$

$$R^2 = 0.468056 \qquad F = 68.63208$$

$$S(07) = 0.966237S(06) + 4.608808T(06)T(06) \quad (4.14)$$

$$(36.49403) \qquad (0.423205)$$

$$R^2 = 0.758666 \qquad F = 245.2033$$

解得 $\lambda_1 = -6.9278$，$\lambda_2 = 0.0338$，$\lambda_2 \geqslant \lambda_1$ 且 $\lambda_2 > 0$，满足绝热近似条件，因此，实证结论表明技术指标是中小企业发展过程中的序参量，在企业演化过程中起主导作用。

同理，我们对沪深 300 板块的样本公司进行回归分析，先假设技术指标为序参量，我们把沪深 300 板块的 186 家样本公司数据代入方程(4.11)和(4.12)，进行回归分析得：

$$T(07) = 0.467252T(06) + 0.550757S(06)T(06) \quad (4.15)$$

$$(8.290291) \qquad (-5.743972)$$

$$R^2 = 0.877504 \qquad F = 1318.089$$

$$S(07) = 1.536395S(06) - 0.234931T(06)T(06) \quad (4.16)$$

$$(7.974230) \qquad (-0.507162)$$

$$R^2 = 0.116425 \qquad F = 24.24494$$

解得 $\lambda_1 = 0.5328$，$\lambda_2 = -0.5363$，$\lambda_1 \geqslant \lambda_2$ 且 $\lambda_2 < 0$，不满足绝热近似条件，所以应取纵向一体化指标为序参量，把数据代入方程(4.7)和(4.8)进行回归分析得：

$$S(07) = 1.546452S(06) - 0.491977S(06)T(06) \tag{4.17}$$

$$(7.940460) \qquad\qquad (-0.613310)$$

$$R^2 = 0.116995 \qquad\qquad F = 24.37936$$

$$T(07) = 0.845286T(06) + 0.018910S(06)S(06) \tag{4.18}$$

$$(32.64733) \qquad\qquad (1.236840)$$

$$R^2 = 0.858909 \qquad\qquad F = 1120.124$$

解得 $\lambda_1 = -0.5464$，$\lambda_2 = 0.1548$，$\lambda_2 \geqslant \lambda_1$ 且 $\lambda_2 > 0$，这时满足绝热近似条件，所以纵向一体化是沪深 300 板块上市公司发展的主导因素，技术要素处于次要地位。

一般来说，沪深 300 中的企业以资源要素和市场需求占主导作用，而对中小企业来说，“技术”等因素主宰着企业的发展。但是，我们的实证结果是，对沪深 300 来说，纵向一体化占主导地位，技术要素相对来说占次要地位；对中小企业来说，技术要素占主导地位，纵向一体化不占主导地位。所以该实证结果表明，以资源要素和市场需求占主导作用的企业应该积极采用纵向一体化策略，以技术等其他要素占主导的企业不必采用纵向一体化措施。

4.4　结　论

本书在前面的第四部分做了基于 SOM 方法的聚类实证分析和企业演化自组织模型的实证分析。SOM 方法的聚类实证分析表明对沪深 300 来说，资源和市场需求要素是企业发展的主要因素，而对中小企业来说，技术等要素在企业发展过程中占主导地位；同时，我们统计并利用纵向一体化指标和企业技术估值，通过企业演化自组织模型的实证分析表明，对沪深 300 来说，纵向一体化指标占主导地位，而对中小企业来说，仍然是技术要素占主导地位。结合这两个实证结果表明，当资源和市场需求要素占主导因素时，企业要采取纵向一体化经营措施，因为纵向一体化能促进这些主导要素水平的提高；但是，当技术、制度等其他要素占主导地位时，企业不必采取一体化措施。

该结果充分表明，演化经济学的观点区别于其他经济理论的观点，基于企业演化原理的纵向一体化分析认为，作为一个复杂的系统在与外部环境进行物质、能量及信息的交换过程之中，企业的纵向一体化策略是企业根据自身条件的一个习惯性遵循，是为了提高决定企业发展的主导要素水平的适应性策略。

第5章 供应链上“牛鞭效应”的成因及其有效控制方法分析

供应链是指产品生产和流通过程中所涉及的原材料供应商、生产商、分销商、零售商以及最终消费者等成员通过与上游、下游成员的连接组成的网络结构。在供应链中,普遍存在“牛鞭效应”现象。即,最终用户的需求信息在向供应链上游的传递过程中被逐级变大的现象。第一个认识到“牛鞭效应”的是Forrester,他在1961年通过一系列案例研究指出,这种效应在供应链的每一级都会放大。1997年,Lee首先提出了“Bullwhip Effect”的概念,中文译为“牛鞭效应”。许多实证研究与企业调查发现,这种现象广泛地存在于制造业的供应链结构中。20世纪90年代初,美国宝洁公司在研究“尿不湿”的市场需求和订货策略时,发现该游戏,四个参与者形成一个供应链,分别以啤酒零售商、批发商、分销商和制造商的身份独立做出库存决策。该实验表明,订货数量的变化随着向供应链上游的移动而变大。Towill(1996)通过模拟的方法证实了库存管理方法对供应链信息扭曲的影响。

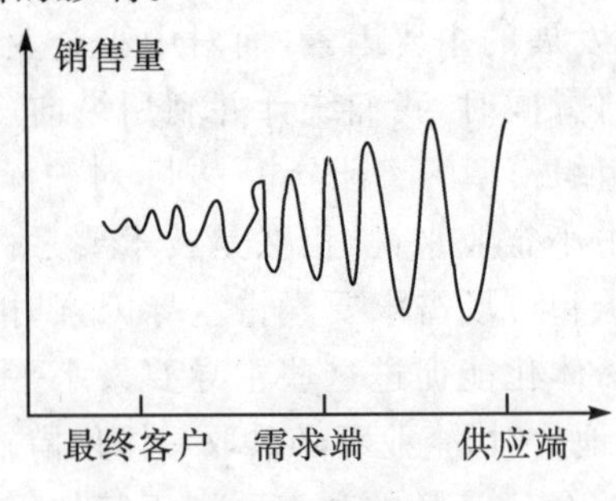

图5.1 供应链中的“牛鞭效应”

对于牛鞭效应产生的原因,存在两种观点:一是早期的研究者,包括以Forrester为代表的案例研究者和以Sterman为代表的模拟试验者。他们认为,供

应链成员系统性的非理性决策是牛鞭效应产生的最根本原因。二是 Lee 和 Chen 等学者认为，牛鞭效应是供应链成员在一定的供应链结构下由信息传送扭曲导致的结果。概括起来有四大因素：(1)需求预测。该理论认为上游企业总是以直接下游企业的需求来预测自己的需求，并据此安排生产和供应计划，导致预测结果呈逐级放大的趋势。(2) 批量订货。在传统的供应链模式中，一般下游根据最大最小策略(s, S)来管理自己的库存，这种订货周期不是均匀分布的，订货的随机性很大，造成了明显的牛鞭效应。(3)供应短缺。当产品在某一时期供不应求时，上游一般会采取配额限制以便各个市场都有产品可供使用。这时，下游往往会虚报自己的需求以便获得更多的产品，赚取更多的利润。这种由于短缺博弈引发的需求信息扭曲会产生牛鞭效应。(4)价格波动。由于上游为促成大量采购而采取各种促销手段，下游会借助此时的优惠措施大量进货，产生预先购买行为，极大地影响了预测的准确性，加剧了牛鞭效应。

基于信息传送过程中被扭曲的机理，国内外学者分别从物流渠道、信息渠道、决策控制三方面进行机制设计，控制牛鞭效应以达到供应链的整体最优。物流渠道和决策控制主要是改进 VMI(供应商管理库存)，国内学者何毅、刘志学研究了逆向物流管理对供应链中牛鞭效应的影响。黄小原、卢震在量化牛鞭效应方差之比的基础上，进行了牛鞭效应 H 控制和随机控制的研究。Disney 和 Towill 重点研究了 VMI 系统供应链库存补充的四种策略：具有指数平滑的订货策略、具有移动平滑预测的订货策略、具有需求信号预测的订货策略、一般的库存补充平滑策略。从信息渠道控制牛鞭效应的成果更多的是在应用技术的层面，如在企业内部采用 ERP 和 APS 系统，在企业间采用 SCM 系统，运用 Internet/EDI 技术，开展电子商务，实现企业间的业务数据集成和信息共享，应用供应链协同技术使供应链上下游企业间业务流程的整合，共同协作开展业务来减弱牛鞭效应。

对企业来说，“牛鞭效应”直接左右企业的生产和贮存，影响企业的盈利能力；从经济环境来说，它加剧经济生态环境的波动，经济生态系统一旦失去平衡，会发生非常严重的连锁性后果，影响经济体的健康运行，所以“牛鞭效应”备受社会各界的普遍关注。纵观国内外对“牛鞭效应”产生的机理及其控制方法的机制设计，主要认为是需求信息在供应链上逐级放大所造成的，所以解决主要围绕改善信息传送，提高预测的准确性是缓解供应链牛鞭效应的关键。其实，有两个问题需要质疑的：一是造成“牛鞭效应”的机理是不是真的由于信息在传送过程中不断被扭曲所导致的？二是能不能尽可能地有效降低“牛鞭效应”？本书主要围绕这两个问题展开分析。

5.1　基于经济生态系统的供应链模型建立

经济生态研究的焦点是“经济活动中的生态规律”，它强调经济主体与其环境之间的生态关系。发展和开拓企业生态系统演化理论的有 James F. Moore 和波特等人。1986 年 James F. Moore 在《哈佛商业评论》上发表了“新竞争生态学”一文，首次提出商业生态系统概念。1998 年波特在《哈佛商业评论》上发表了《企业群落和新竞争经济学》一文，系统地提出了企业群落理论。James F. Moore 在 1996 的 *The Death of Competition* 一书详细阐述了经济生态系统理论，他把经济生态系统定义为：以组织和个体的相互作用为基础的一个经济联合体。Marco Iansiti 和 Ray Levien(2004)认为，与自然生态系统中的物种一样，商业生态系统中的每一家企业最终都要与整个商业生态系统共命运。国内许多学者如陆玲、唐小我、王育民等，对企业生态系统的分析也颇有见地。可见，利用生态系统分析经济问题的思想和方法正逐渐成熟。

供应链是经济生态系统中的一个节断，供应链的供应端和需求端上的企业之间以互惠互利的方式共同竞争、共同作用，它们之间的关系可以用图 5.2 反映：

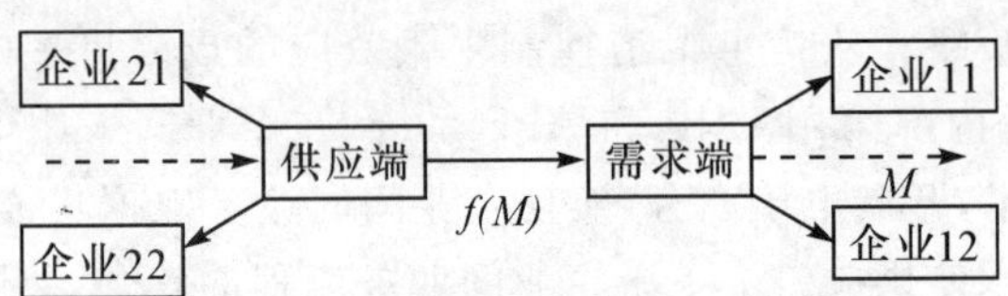

图 5.2 供应链上需求端和供应端之间的关系

图 5.2 是供应链上的一个节断，在需求端有很多企业存在，我们简单归结为两个相互竞争的企业，分别为企业 11 和企业 12；在供应端也有很多相互竞争的企业存在，概括为企业 21 和企业 22 之间的竞争。假设需求端的社会期望需求为 M，并向下游供应端传递的期望需求为 $f(M)$。譬如，当需求端是整车生产商，供应端为汽车轮胎供应商时，$f(M)=4M$；当需求端是整车生产商，供应端是汽车发动机时，$f(M)=M$。在这样一个需求关系下，记企业 11 和企业 12 的投资量分别为 F_i，其中 $i=1,2$，并记 $\alpha_1=\dfrac{F_1}{F_1+F_2}$ 和 $\alpha_2=\dfrac{F_2}{F_1+F_2}$，则有 α_1

$+\alpha_2=1$。记企业 21 和企业 22 的投资量分别为 T_i，其中 $i=1,2$，并记 $\beta_1=\frac{T_1}{T_1+T_2}$ 和 $\beta_2=\frac{T_2}{T_1+T_2}$，则有 $\beta_1+\beta_2=1$。用 K_{11}，K_{12}，K_{21} 和 K_{22} 分别表示在这个系统中的企业 11，企业 12，企业 21 和企业 22 的产出。

为了方便分析供应链上的供应关系，我们在这里假设供应端上的两企业，以及需求端上的两企业都是相互同质的，因此相互之间的影响主要是不同生产规模的竞争，产品品质之间的相互竞争影响不大。这样，在需求端的企业 11 和企业 12，不仅它们之间形成相互竞争的格局，并且受到供应端的供应量制约影响。我们可以用 Lotka－Voterra 竞争模型反映企业的生产技术水平、生产投入量以及社会总需求量对企业产出的决定性影响①，即如下刻画：

$$\begin{cases}\frac{\mathrm{d}K_{11}}{\mathrm{d}t}=a_1K_{11}(1-\frac{K_{11}}{\alpha_1M}-\lambda_{12}K_{12}-\lambda(f(M)-K_{21}-K_{22}))\\ \frac{\mathrm{d}K_{12}}{\mathrm{d}t}=a_2K_{12}(1-\frac{K_{12}}{\alpha_2M}-\lambda_{21}K_{11}-\lambda(f(M)-K_{21}-K_{22}))\end{cases}\tag{5.1}$$

其中，a_i 表示它们的产出速度，因为企业 11 和企业 12 的投入生产的量比例为 α_1 与 α_2，并且假设它们是同质的，所以它们潜在的产出分别为 α_1M 和 α_2M，λ_{12} 和 λ_{21} 表示它们的竞争系数，$\lambda(f(M)-K_{21}-K_{22})$ 表示供应端的产出对需求端的影响，其中 λ 是一个正数，它表示供应端因供应不足或过度对需求端企业产出的影响。当 $f(M)-K_{21}-K_{22}>0$ 时，表明供应端的产出不够需求，这时制约前端企业的产出；当 $f(M)-K_{21}-K_{22}<0$ 时，表明供应端的产出完全满足需求端的生产需求，对前端的生产有促进作用，所以该式前面用负号。

同样，在供应端形成相互竞争格局的两企业，不仅受供应端竞争因素影响，并且受到需求端的需求量的影响。我们也用 Lotka－Voterra 竞争模型反映企业的生产技术水平、生产投入量以及社会总需求量对企业产出的决定性影响，即如下刻画：

$$\begin{cases}\frac{\mathrm{d}K_{21}}{\mathrm{d}t}=b_1K_{21}(1-\frac{K_{21}}{\beta_1f(M)}-\delta_{12}K_{22}+\delta(M-K_{11}-K_{12}))\\ \frac{\mathrm{d}K_{22}}{\mathrm{d}t}=b_2K_{22}(1-\frac{K_{22}}{\beta_2f(M)}-\delta_{21}K_{21}+\delta(M-K_{11}-K_{12}))\end{cases}\tag{5.2}$$

其中，b_i 表示它们的产出速度，因为企业 21 和企业 22 的投入生产的量比例为 β_1 与 β_2，并且假设它们是同质的，所以它们潜在的产出分别为 $\beta_1f(M)$ 和 $\beta_2f(M)$，δ_{12} 和 δ_{21} 表示它们的竞争系数，$\delta(M-K_{11}-K_{12})$ 表示需求端的需求

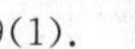

① 袁桂秋，陈兰荪，徐顺暖：企业投资活动中模仿学习行为的经济学解释，生物数学学报，2009(1).

对供应端的影响，其中 δ 是一个正数，它表示需求端因供不应求或供过于求对供应端企业产出的影响。当 $M-K_{11}-K_{12}>0$ 时，表明需求旺盛，这时促进供应端企业的产出；当 $M-K_{11}-K_{12}<0$ 时，表明需求不景气，制约供应端的产出，所以该式前面的符号是正的。

5.2 供应链上"牛鞭效应"分析

"牛鞭效应"是因为信息传递扭曲所造成的呢？还是供应链自身结构所必然存在的呢？

定理 1 当需求端和供应端的竞争企业是同质的，处于相同的竞争地位时，那么对供应端的两竞争企业来说，由模型(5.1)和模型(5.2)组成的系统达到平衡态时的解与以下问题达到平衡态时的解一致

$$\begin{cases}\dfrac{dK_{21}}{dt}=b_1K_{21}\left(1-\dfrac{K_{21}}{\dfrac{\beta_1 f(M)(1+\delta\lambda Mf(M))}{1+\delta\lambda\beta_1 Mf(M)}}-\dfrac{\delta\lambda M}{1+\delta\lambda Mf(M)}K_{22}\right)\\ \dfrac{dK_{22}}{dt}=b_2K_{22}\left(1-\dfrac{K_{22}}{\dfrac{\beta_2 f(M)(1+\delta\lambda Mf(M))}{1+\delta\lambda\beta_2 Mf(M)}}-\dfrac{\delta\lambda M}{1+\delta\lambda Mf(M)}K_{12}\right)\end{cases}\tag{5.3}$$

证明：当需求端和供应端的竞争企业是同质的，处于相同的竞争地位时，产品品质之间的相互竞争影响不大，我们可以进一步设定模型(5.1)和模型(5.2)中有 $\lambda_{ij}=0$ 和 $\delta_{ij}=0$ 。因此，当模型(5.1)和模型(5.2)组成的系统处于平衡态时，它们满足以下方程：

$$\begin{cases}1-\dfrac{K_{21}}{\beta_1 f(M)}+\delta(M-K_{11}-K_{12})=0\\ 1-\dfrac{K_{22}}{\beta_2 f(M)}+\delta(M-K_{11}-K_{12})=0\\ 1-\dfrac{K_{11}}{\alpha_1 M}-\lambda(f(M)-K_{21}-K_{22})=0\\ 1-\dfrac{K_{12}}{\alpha_2 M}-\lambda(f(M)-K_{21}-K_{22})=0\end{cases}$$

由后两个式子，得到

$$M - K_{11} - K_{12} = \lambda M(f(M) - K_{21} - K_{22})$$

并将之代入前两个方程，得到

$$\begin{cases} 1 - \dfrac{K_{21}}{\beta_1 f(M)} + \delta \lambda M(f(M) - K_{21} - K_{22}) = 0 \\ 1 - \dfrac{K_{22}}{\beta_2 f(M)} + \delta \lambda M(f(M) - K_{21} - K_{22}) = 0 \end{cases}$$

整理，化简得到

$$\begin{cases} 1 - \dfrac{K_{21}}{\dfrac{\beta_1 f(M)(1 + \delta \lambda M f(M))}{1 + \delta \lambda \beta_1 M f(M)}} - \dfrac{\delta \lambda M}{1 + \delta \lambda M f(M)} K_{22} = 0 \\ 1 - \dfrac{K_{22}}{\dfrac{\beta_2 f(M)(1 + \delta \lambda M f(M))}{1 + \delta \lambda \beta_2 M f(M)}} - \dfrac{\delta \lambda M}{1 + \delta \lambda M f(M)} K_{12} = 0 \end{cases}$$

定理 2　供应链上“牛鞭效应”是由供应结构本身决定的。

证明：定理 1 的结果表明，当 $\dfrac{1 + \delta \lambda M f(M)}{1 + \delta \lambda \beta_2 M f(M)} > 1$ 时，供应端的企业就会放大需求端的实际需求，产生“牛鞭效应”现象。而 $\beta_2 < 1$ 是自然成立的，因为它是一个企业在同类产品中的比例。所以“牛鞭效应”是由供应结构本身决定的。

5.3 “牛鞭效应”的有效控制方法分析

基于信息传送的机理，许多学者认为供应链就是契约链，在契约链的情形下，需求企业可以通过激励的措施促进供应端企业的供应。这实际上是很危险的，因为契约链中的激励措施通常是提高价格采购、利润转移等方式促进供应端的供应，这样会导致信息扭曲，激励供应端过量生产，当经济体由景气转向不景气时，供应端将积压大量库存，经营能力急剧下降。

记 $K_1 = K_{11} + K_{12}$，它表示需求端的总产出，$K_2 = K_{21} + K_{22}$，它表示供应端的总产出。当需求端和供应端的竞争企业是同质时，由模型(5.1)和模型(5.2)所构成的系统有以下结论：

定理 3　当需求端和供应端的竞争企业是同质的，处于相同的竞争地位时，那么由模型(5.1)和模型(5.2)组成的系统达到平衡态时的 K_1 和 K_2 与以下问

题达到平衡态时的解一致：

$$\begin{cases}\dfrac{\mathrm{d}K_1}{\mathrm{d}t}=c_1K_1\left(1-\dfrac{K_1}{(1-\lambda f(M))M}+\dfrac{\lambda}{1-\lambda f(M)}K_2\right)\\ \dfrac{\mathrm{d}K_2}{\mathrm{d}t}=c_2K_2\left(1-\dfrac{K_2}{(1+\delta M)f(M)}-\dfrac{\delta}{1+\delta M}K_1\right)\end{cases}\tag{5.4}$$

证明：当(5.1)和(5.2)组成的系统处于平衡态时，它们满足以下方程：

$$\begin{cases}1-\dfrac{K_{21}}{\beta_1 f(M)}+\delta(M-K_{11}-K_{12})=0\\ 1-\dfrac{K_{22}}{\beta_2 f(M)}+\delta(M-K_{11}-K_{12})=0\\ 1-\dfrac{K_{11}}{\alpha_1 M}-\lambda(f(M)-K_{21}-K_{22})=0\\ 1-\dfrac{K_{12}}{\alpha_2 M}-\lambda(f(M)-K_{21}-K_{22})=0\end{cases}$$

由后两个式子，得到

$$M-K_{11}-K_{12}=\lambda M(f(M)-K_{21}-K_{22})$$

由 $K_1=K_{11}+K_{12}$，$K_2=K_{21}+K_{22}$，化简得到：

$$1-\frac{K_1}{(1-\lambda f(M))M}+\frac{\lambda}{1-\lambda f(M)}K_2=0$$

由前两个式子，同样可以得到

$$1-\frac{K_2}{(1+\delta M)f(M)}-\frac{\delta}{1+\delta M}K_1=0$$

定理 3 表明，供应链实质上是捕食链，不是契约链，上下游产业之间的供应关系实际上类似于食物链上的捕食关系。所以，要保证它们持续的供应关系，消除“牛鞭效应”的负影响，维护经济生态环境的正常运行，由定理 3 可以看到，最有效的办法是将 λ 和 δ 降到最低程度，这样不管供求端，还是需求端企业，它们的市场预期需求更加接近于市场实际需求。λ 和 δ 越大，表明供应关系越密切，上下游的依赖程度越高；λ 和 δ 越小，上下游的依赖程度越低。所以降低依赖程度，也即降低需求端因产品供不应求向供应端的传递影响，和供应端因供给不足对需求端的生产影响，从而有效降低“牛鞭效应”，维持供应链的健康发展。

5.4　结论与策略建议

“牛鞭效应”在经济生态系统中的影响是负面的，因为它夸大了实际需求，造成资源的浪费或供应紧张，所以不管对经营企业个体，还是整个经济环境来说，都应该采取有效的措施尽量降低“牛鞭效应”。通过前面的论证分析，“牛鞭效应”在一个供应链构成的系统中客观存在的，它是由供给端商品供给短缺对上游企业的影响程度，和需求端的产品供不应求对供应端的传递影响所决定的，也即由它们之间的依赖程度决定。所以，解决这种影响关系的最有效方法有两种：(1)实现纵向一体化，供应与需求之间直接输送；(2)一家供给企业与多家需求企业建立供应关系网，或者一家需求企业与多家供给企业建立需求关系网。现实中的产业集群就是很好的佐证，因为在产业集群内部的企业可以实现一对多或多对一的生产原料供给关系，这样在产业集群内部有效消除了“牛鞭效应”现象。

第6章　企业组织模块化的经济解释

模块化概念最早是由 H. Simon(1962)提出的,但在很长时期内没有受到人们的重视。自20世纪80年代开始,随着经济的不断发展和产品复杂性的不断增强,生产组织方式也发生了根本性变革,模块化生产模式在计算机、飞机、汽车等生产制造行业中兴起并不断得到推广,经济学界也越来越重视对模块化的研究。

Baldwin 和 Clark (1997)将模块化定义为通过每个可以独立设计并且能够发挥整体作用的更小的系统来构筑复杂的产品或业务的过程。Sturgeon (2002)提出模块化生产网络概念,它是指在价值链环节中存在明显的结点(即模块),结点之间有关产品和流程的技术规范的信息都是高度正式化的信息,即它们之间是通过众所周知的标准化协议连接而成的,而在每个高度专业化的价值链结点业务中,保持了一体化而且是基于隐性知识的连接。模块化的一般定义是指在信息技术革命背景下随产业的发展逐步呈现出来的用于解决复杂生产系统的新方法。它指将整个复杂生产过程划分为各个子系统,每个子系统能够发挥整体作用,通过子系统的独立设计和独立生产,并按照标准的界面规则由各个独立的子系统来完成整个复杂产品或业务过程。所以,模块化的涵义至少包括以下三层内容:第一,系统中的模块被"独立地设计和生产"。第二,各模块之间通过标准的界面结构组合成一个产品或系统。第三,由于规则的确定性和可扩展性,模块化界面都可以不断升级与时更新并且与低旧版本可以兼容。

研究模块化的文献很多,主要可以概括为以下三个方面:

(1)模块化功能的分析。Simon(1962)指出模块化是促进复杂系统向新的均衡状态演进的特定结构;Carliss Y. Baldwin 和 Kim B. Clark(2002)认为模块是复杂系统分解和整合的基础单元,通过分级的模块化设计,在确保模块互换性和通用性的条件下,能够快速实现熊彼特意义上的"破坏性创新",它是设计复杂产品或过程的有效战略之一。一些研究者还分析了模块化对降低成本(范爱军、杨丽，2006）、培育核心竞争能力（李海舰等，2002）、产品开发（马钧、任云，2009）和知识管理（Sturgeon，2002）的影响等。

（2）模块化设计的研究。模块化产品包含一串的模块组合，每一个模块内部都非常复杂，但外部必须要有一个明确的接口规范——模块如何与其他的模块连接。Rogers 等人发展出一套具有高生产率和可重构特征的模块化制造系统，这一系统的最大优势在于：由于标准的模块化而带来生产系统的简化，并和自动化相结合，将显著缩短产品生产周期；由于模块化制造系统的设计是高度自主的，硬件是模块的，因此，能很快地设计和重构低成本的生产系统。Baldwin（2003）用维恩矩阵图法对具有相互依赖性的笔记本电脑的设计进行了模块化处理。在这里，他们把模块联系规则的变化叫做模块化操作，包括分离、替代、去除、增加、归纳、移植 6 个操作符，创造系统价值。肖人彬（2006）等以设计矩阵为工具，对耦合功能集的识别、功能耦合程度的度量以及耦合功能的合理规划进行了研究。郝斌和任浩（2007）阐述了组织模块化设计的价值创新原理，用“结构构建→制度设计→价值创新”的 SSV 范式概括模块化组织构建的逻辑路径。

（3）模块化的广泛应用。Miles 和 Snow（1995）认为模块化属于产业结构范畴，新的组织形态是一个球形结构，它是集战略、结构、管理过程于一体的、适应新的和变化的竞争条件的动态网络。Fine（1998）认为模块化将改变行业竞争格局，生产、流程和供应链结构的完善能够显著改进产品性能，使得供应链管理能力越来越成为竞争的关键。Morgan（2000）专门针对产品设计过程进行分析并指出，大量的产品设计过程其实是通过组织管理结构的协调与生产过程的设计来进行的。Sturgeon（2002）则认为，美国式的高效生产组织形式在本质上就是一种模块化组织结构。陈劲与桂彬旺（2007）把模块化方法应用于复杂产品系统的创新管理。

本书主要分析模块化生产模式的内在机制，通过企业单元在集成化生产中和集成化被分块之后，以及被模块化之后的不同策略的比较，说明模块化能提高生产效率、促进产业升级的条件，由此表明，对一些生产复杂的高新产业模块化生产方式是调整产业组织结构、促进产业升级的有效模式。

6.1 模块化生产的内在机制分析

6.1.1 多个生产子系统组建成一个复杂的生产系统时

为了叙述方便，我们简化为两个子系统，分别记为企业1和企业2。它们被集成化为一个生产系统时，各自投入 u_i , $i=1,2$ ，它们的成本函数为 $C_i(u_i)$ ，x_{it} 表示企业 i 的技术状态水平，它满足如下状态转移方程：

$$\dot{x}_{it}=-\mu_i x_{it}+g_i(u_i)$$

其中，μ_i 表示技术状态的折旧率，$0<\mu_i<1$ 。$g_i(u_i)$ 是投入 u_i 时的产出。

当两家企业被集成化为一个生产系统时，设系统产出为 $x_1^{\alpha}x_2^{1-\alpha}$，这时生产系统的决策问题为如下的优化控制问题：

$$J=\max_{u_1 u_2}\int_0^{\infty}\mathrm{e}^{-\rho s}[x_{1s}^{\alpha}x_{2s}^{1-\alpha}-C_1(u_1)-C_2(u_2)]\mathrm{d}s$$

$$\dot{x}_{1t}=-\mu_1 x_{1t}+g_1(u_1)$$

$$\dot{x}_{2t}=-\mu_2 x_{2t}+g_2(u_2)$$

$$x_1(0)=x_{10}\ ,\ x_2(0)=x_{20}$$

上述问题的 Hamilton 函数为：

$$H=\mathrm{e}^{-\rho s}[x_{1t}^{\alpha}x_{2t}^{1-\alpha}-C_1(u_1)-C_2(u_2)]+\lambda_1(-\mu_1 x_{1t}+g_1(u_1))$$
$$+\lambda_2(-\mu_2 x_{2t}+g_2(u_2))$$

式中：λ_1 和 λ_2 是协变量，ρ 是现值的贴现率。由 Pontryagin 最大值原理得：

$$\dot{\lambda}_1(t)=-\frac{\partial H}{\partial x_{1t}}=(\rho+\mu_1)\lambda_1(t)-\alpha x_1^{\alpha-1}x_2^{1-\alpha}$$

$$\dot{\lambda}_2(t)=-\frac{\partial H}{\partial x_{2t}}=(\rho+\mu_2)\lambda_2(t)-(1-\alpha)x_1^{\alpha}x_2^{-\alpha}$$

具有横截条件 $\lim\limits_{t\to\infty}\lambda_1(t)\mathrm{e}^{-\rho t}x_t=0$ 和 $\lim\limits_{t\to\infty}\lambda_2(t)\mathrm{e}^{-\rho t}x_{2t}=0$ ，并且

$$\frac{\partial H}{\partial u_1}=0 \text{ 和 } \frac{\partial H}{\partial u_2}=0\text{ ，以及 }\frac{\partial H}{\partial \lambda_1}=0\text{ 和 }\frac{\partial H}{\partial \lambda_2}=0$$

由此我们得到：

$$\lambda_1^* = \frac{C_1'(u_1)}{g_1'(u_1)} \text{ 和 } \lambda_2^* = \frac{C_2'(u_2)}{g_2'(u_2)} \tag{6.1}$$

和

$$\dot{x}_{1t} = -\mu_1 x_{1t} + g_1(u_1)$$
$$\dot{x}_{2t} = -\mu_2 x_{2t} + g_2(u_2)$$

一般上，成本函数 $C_i(u_i)$ 是 u_i 的凸函数，具有 $C_i(0)=0$，$C'_i(\cdot)>0$，$C''(\cdot)>0$；而产出函数 $g_i(u_i)$ 是 u_i 的凹函数，具有 $g_i(0)=0$，$g'_i(\cdot)>0$，$g_i''(\cdot)<0$。在这里不妨设，$C_i(u_i)=u_i^{\gamma_i}$ 和 $g_i(u_i)=u_i^{\delta_i}$，一般上 $\gamma_i>1$，$0<\delta_i<1$。由方程(6.1)得到：

$$u_i = \left(\frac{\delta_i \lambda_i^*}{\gamma_i}\right)^{\frac{1}{\gamma_i-\delta_i}} \tag{6.2}$$

将以上方程联合，我们得到企业各自的状态变量（λ_1^*，x_{1t}）和（λ_2^*，x_{2t}）满足如下微分方程组：

$$\begin{cases} \dot{\lambda}_1(t) = (\rho+\mu_1)\lambda_1(t) - \alpha x_1^{\alpha-1} x_2^{1-\alpha} \\ \dot{x}_{1t} = -\mu_1 x_{1t} + \left(\frac{\delta_1 \lambda_1^*}{\gamma_1}\right)^{\frac{\delta_1}{\gamma_1-\delta_1}} \end{cases}$$

和

$$\begin{cases} \dot{\lambda}_1(t) = (\rho+\mu_2)\lambda_2(t) - (1-\alpha) x_1^{\alpha} x_2^{-\alpha} \\ \dot{x}_{1t} = -\mu_2 x_{2t} + \left(\frac{\delta_2 \lambda_2^*}{\gamma_2}\right)^{\frac{\delta_2}{\gamma_2-\delta_2}} \end{cases}$$

以上两组动力系统有唯一平衡解，满足：

$$\begin{cases} \lambda_1(t) = \frac{\alpha}{\rho+\mu_1} x_1^{\alpha-1} x_2^{1-\alpha} \\ \lambda_1(t) = e^{\rho t} \frac{\gamma_1}{\delta_1} (\mu_1 x_{1t})^{\frac{\gamma_1-\delta_1}{\delta_1}} \end{cases} \tag{6.3}$$

和

$$\begin{cases} \lambda_2(t) = \frac{1-\alpha}{\rho+\mu_2} x_1^{\alpha} x_2^{-\alpha} \\ \lambda_2(t) = e^{\rho t} \frac{\gamma_2}{\upsilon_2 \delta_2} (\mu_2 x_{2t})^{\frac{\gamma_2-\delta_2}{\delta_2}} \end{cases} \tag{6.4}$$

通过方程组(6.3)和(6.4)可以解得两组状态变量，并代入(6.2)得到两企业集成化为一个生产系统时的投入控制量 u_i。图 6.1 是企业 1 的均衡解示意

图,A 点是方程组(6.3)的解,也就是系统集成化下企业 1 的决策点。

6.1.2 当一个生产子系统简单地参与市场活动时

当系统被分块之后,被分块出来的企业单元应该是独立的,是社会分工之后的一个生产子系统,它可以与原来生产系统中的企业单元组建成一个完整的生产系统,也可以进入到市场,参与市场的竞争。当该生产子系统参与市场竞争,与其他企业单元合作组建成一个生产体系时,企业 1 将会获得一定比例的最终成果分配利益,设为 β 倍,那么对企业 1 来说,它的投入策略满足以下的最优控制问题:

$$J = \max_{u_1}\int_0^{\infty} \mathrm{e}^{-\rho s}[\beta x_1^{\alpha} x_2^{1-\alpha} - C_1(u_1)]\mathrm{d}s$$

$$\dot{x}_{1t} = -\mu_1 x_{1t} + \upsilon_1 g_1(u_1)$$

$$x_1(0) = x_{10}$$

上述问题的 Hamilton 函数为:

$$H = \mathrm{e}^{-\rho s}[\beta x_1^{\alpha} x_2^{1-\alpha} - C_1(u_1)] + \lambda_1(-\mu_1 x_{1t} + g_1(u_1))$$

同样由 Pontryagin 最大值原理得到状态变量(λ_1^* ,x_{1t})有唯一平衡解,满足:

$$\begin{cases} \lambda_1(t) = \dfrac{\alpha\beta}{\rho + \mu_1} x_1^{\alpha-1} x_2^{1-\alpha} \\ \lambda_1(t) = \mathrm{e}^{\rho t}\dfrac{\gamma_1}{\delta_1}(\mu_1 x_{1t})^{\frac{\gamma_1 - \delta_1}{\delta_1}} \end{cases} \tag{6.5}$$

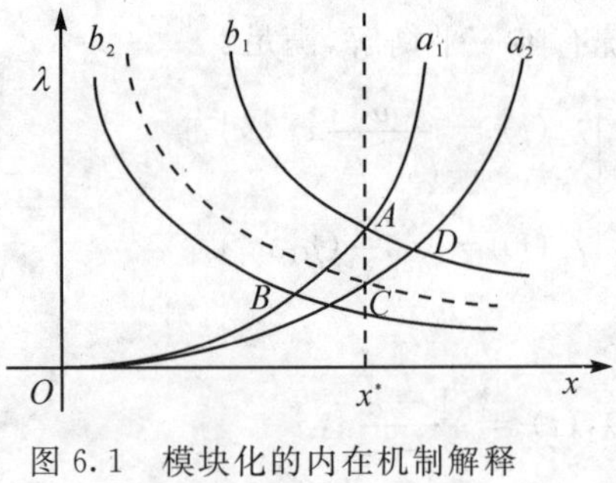

图 6.1 模块化的内在机制解释

图 6.1 中的 B 点是方程(6.5)的解,是企业 1 被系统模块化后,简单地参与市场活动时的决策点。从图中看到,因为 $0 < \beta < 1$,所以这时它参与市场采取的均衡行为达到的状态水平明显低于两企业集成化之后所达到的状态水平。

这个结果很好说明市场存在一定的摩擦和成本，导致生产企业的劳动付出和收益都远远低于集成化生产时的结果。

6.1.3　一个生产子系统与其他子系统进行模块化生产时

模块化生产体系并不是分块生产企业的简单市场活动，模块化有两个很明显的特征：一是它们有一个外接界面条件。虽然各个模块化后的企业单元式各自独立的，但是通过这个标准的界面规则将各个独立的子系统连接起来完成整个复杂产品或业务过程，这种连接要求每个模块必须达到一定的界面条件，即 $x_{1t} \geqslant x_1^*(t)$，$x_1^*(t)$ 是指某一个事前确定的界面标准；二是各个被模块化出来的企业处于"半自律"状态。每个模块都可以独立创新，专注于自身研发核心部件，不会对整体和其他模块构成干扰。但又由于各模块之间形成的"淘汰赛"式的"竞合机制"，每个模块的生产企业都力求开发出来的模块有较强市场竞争优势。这就形成了以企业"竞合机制"为基础的模块化生产企业专注于核心技术的研发创新，推动模块化生产企业的技术水平提高。体现在数学表达式上，即 $g(u)=u^{\delta}$ 中的 δ 值较大。

所以模块化后的企业 1 的优化问题为：

$$J=\max_{u_1}\int_0^{\infty} e^{-\rho s}[\beta x_1^{\alpha} x_2^{1-\alpha}-C_1(u_1)]ds$$

$$\dot{x}_{1t}=-\mu_1 x_{1t}+g(u)$$

$$x_{1t} \geqslant x_1^*(t)$$

$$x_1(0)=x_{10}$$

其中 $\delta>\delta_1$。虽然问题中要求 $x_{1t} \geqslant x_1^*(t)$ 的界面条件，但是企业一般不会投入更多去超过该界面标准，所以实际界面要求是 $x_{1t}=x_1^*(t)$。这样以上问题的 Hamilton 函数为：

$$H=e^{-\rho s}[\beta x_1^{\alpha} x_2^{1-\alpha}-C_1(u_1)]+\lambda(-\mu_1 x_{1t}+g(u))+\varepsilon(x_{1t}-x_1^*(t))$$

同样由 Pontryagin 最大值原理得到状态变量（λ_1，x_{1t}，ε）有唯一平衡解，满足：

$$\begin{cases}\lambda(t)=\dfrac{\alpha\beta}{\rho+\mu_1}x_1^{\alpha-1}x_2^{1-\alpha}+\dfrac{\varepsilon}{\rho+\mu_1}\\ \lambda(t)=e^{\rho t}\dfrac{\gamma_1}{\delta_1}(\mu_1 x_{1t})^{\frac{\gamma_1-\delta_1}{\delta_1}}\\ x_{1t}=x_1^*(t)\end{cases}\tag{6.6}$$

从方程组(6.6)中的第一个方程看到,集成化企业被分成各个模块之后,减少了内部组织成本,但是模块外接界面的成本却增加了,这表明界面标准化使得集成化系统的组织成本与标准化界面接口成本之间的转换。

6.1.3.1 技术水平不断提高的生产系统进行模块化生产时

如果模块化之后的生产子系统能够在"半自律"的经营环境中专注于核心技术的研发创新,有效提高技术水平,也就是 $g(u)=u^{\delta}$ 中的 δ 值增大。那么方程组(6.6)中的第二个方程在图 6.1 中的显示由原来的 a_1 线变成 a_2 线,方程组(6.6)的解在 C 点。同 A 点相比状态变量 λ 降低了,从而由式 $u_i=(\frac{\delta_i\lambda}{\gamma_i})^{\frac{1}{\gamma_i-\delta_i}}$ 表明达到技术状态 $x^*(t)$ 时的付出也较低。这样就以较小的投入产生较高的产出,大大提高了产出效率。也就是在技术水平提高的基础上,通过标准界面的设定,不仅减少了组织成本,同时有效降低了模块界面接口成本,提高了生产效率,获得整个系统的最佳秩序和产品竞争力。

方程组(6.5)更能充分显示,如果生产技术越高,也就是产出函数 $g(u)=u^{\delta}$ 中的 δ 越大,那么曲线 a_2 越平坦,在标准 $x_1^*(t)$ 下的交点 C 越往下移,这时更能产生低成本优势,获得超额租金。所以,在模块化的价值链中,由于参与各方在关系上的互补性、对等性,模块供应商可以实现向价值链中高端环节的持续性爬升(Humphery,Schmitz,2002)。

6.1.3.2 技术水平不断提高的生产系统没有被模块化时

如果生产企业没有被模块化出来,仍然与其他企业集成化成一个系统,这时方程组(6.6)的均衡点是图中的 D 点(如图 6.1 所示)。因为它是被集成化的,而不是一个相对独立的生产单元,它的生产投入是受到系统中其他企业的影响,所以它在拥有较高生产技术水平下的 Nash 均衡解是怠工,满足于下派任务的完成,这时技术进步不能被更有效地发挥出来。

6.1.3.3 技术水平没有提高的生产系统进行模块化生产时

如果生产子系统在模块化过程中并没有因为模块化和标准化建设而提高生产技术水平时,那么在标准化下,方程组(6.6)的解是图中的 A 点(如图 6.2 所示),也就是说,这时只是简单将集成化生产的组织成本转换成模块化生产的标准界面接口成本,企业在这个成本交换过程中需要相同的投入,企业的生产效率并没有提高。

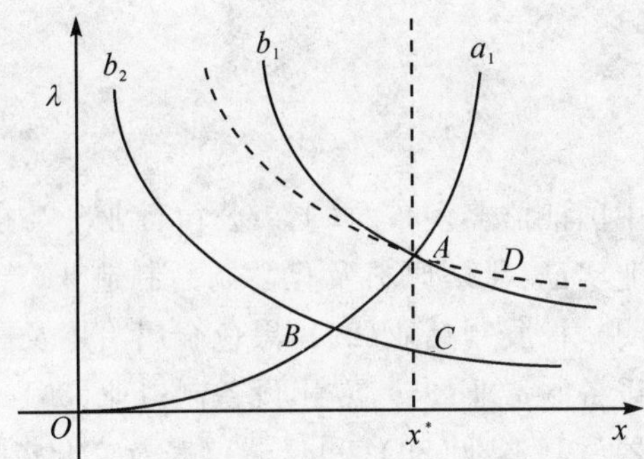

图 6.2　技术水平没提高下的模块化功效图

由以上分析看到：(1)模块化的关键在于被模块化之后各个生产子系统界面接口的标准化，没有界面标准化的模块化只是简单的社会分工，不能提高生产效率；(2)界面标准化使得集成化系统的组织成本与标准化界面接口成本之间的有效转换。(3)被模块化之后的生产子系统如果不能提高生产技术水平，那么模块化仍然不能有效提高生产效率。(4)能快速提高生产技术的复杂生产系统，如电子、汽车、飞机制造等产业，模块化的生产组织能有效提高生产效率，获得超额租金。如果不对能快速提高生产技术的复杂系统进行模块化生产，那么就会有碍于该产业的发展。这些结论进一步表明，模块化是技术进步的产物，技术进步必然促使模块化生产组织的不断形成。

6.2　模块化与技术进步的关系实证分析

模块化能提高生产效率，那么能不能直接提高生产技术水平呢？模块化与技术进步的相互关系怎样？下面将利用实证方法分析这层关系，但是模块化指标往往很难被度量。不过根据前面的分析表明，模块化的关键在于标准化，没有标准化就没有模块化，并且标准化建设有利于模块化生产组织的形成，所以虽然模块化不能等同于标准化，但标准化在一定程度上可以代替模块化。所以下面实证分析标准化与技术水平提高之间关系，以此反映模块化与技术进步之间的关系。

6.2.1 数据来源

本书根据2001年中国证监会发布的《上市公司行业分类指引》的行业分类标准,并选取以下各行业实证:化学原料及化学制品制造业(产业分类号26,以下类同,简用分类号标明),橡胶制品业(29),黑色金属冶炼及压延加工业(32),金属制品业(34),通用设备制造业(35),专用设备制造业(36),交通运输设备制造业(37),电气机械及器材制造业(39),和仪器仪表及文化办公用机械制造业(41)。

6.2.1.1 技术水平的指标

本书借鉴侯俊军和王庆(2009)的方法,采用新产品的产值作为技术水平提高的指标,数据从中国科技统计年鉴中2001—2009年的规模以上工业企业的新产品产值,以及规模以上工业企业的工业总值的比率。用 *M*? 表示该指标,得到的结果如表6.1所示。

表6.1 2001—2009年各行业规模以上工业企业的新产品产值占工业总值的比率

	2001	2002	2003	2004	2005	2006	2007	2008	2009
26	0.071	0.064	0.061	0.091	0.068	0.074	0.100	0.071	0.072
29	0.146	0.159	0.149	0.148	0.128	0.127	0.182	0.132	0.117
32	0.069	0.093	0.083	0.106	0.106	0.104	0.121	0.128	0.086
34	0.062	0.071	0.068	0.046	0.050	0.051	0.090	0.062	0.055
35	0.224	0.259	0.235	0.159	0.157	0.149	0.259	0.142	0.133
36	0.227	0.218	0.227	0.169	0.149	0.152	0.223	0.17	0.143
37	0.331	0.374	0.389	0.333	0.364	0.340	0.412	0.323	0.316
39	0.309	0.291	0.247	0.21	0.212	0.194	0.270	0.197	0.177
41	0.157	0.130	0.098	0.151	0.139	0.147	0.150	0.163	0.145

(数据来自2002—2009年中国科技统计年鉴)

6.2.1.2 标准化指标

本书用 *K*? 表示该指标值,类似于葛京、王益谊(2009)的方法,先从国家标准化管理网站导出 2002—2009 年的所有中华人民共和国国家标准批准发布的标准化名称，然后将逐条排查归入，譬如 2002 年批准的“AX 系列继电器”标准，我们参照 http://www.hzsin.gov.cntjzshycx.asp 提供的细分标准，将之归入到 2002 年的“电气机械及器材制造业”的一项标准化。同时我们排除例如“试验方法”、“计算方法”等标准，这样我们得到表 6.2 的数据。

表 6.2　2002—2009 年各行业标准化的条目数

	2002	2003	2004	2005	2006	2007	2008	2009
26	55	79	39	24	173	58	349	213
29	2	22	2	6	15	22	26	46
32	29	14	12	31	25	36	181	81
34	63	44	74	52	64	56	162	57
35	68	55	94	63	63	67	433	101
36	14	70	18	39	44	23	126	96
37	4	16	3	6	30	11	38	35
39	49	84	32	58	68	86	445	106
41	29	24	38	23	15	32	175	32

（数据从国家标准化管理委员会网站整理得到）

6.2.2　数据实证分析

首先，我们进行 Granger 因果检验，以 k_{26} 和 m_{26} 为例（其他各个行业本文具体都检验过，其结果比较接近类似），得到如表 6.3 的结果。

表 6.3　Granger 因果检验结果

Null Hypothesis:	F－Statistic	Prob.
M_{26} does not Granger Cause K_{26}	1.83897	0.462351
K_{26} does not Granger Cause M_{26}	0.112516	0.903496

该结果说明新产品产值率与行业标准化条目之间相互因果关系比较明显。

其次，本书先用 $M(t-1)$ 解释 $K(t)$，针对面板模型分别计算 3 种形式的模型：变参数模型、变截距模型和不变参数模型，在每个模型的回归统计量里可以得到相应的残差平方和 $s_1 = 320549.05$，$s_2 = 353986.79$，$s_3 = 521510.15$，这时 $N=9$、$k=1$、$T=8$，计算得到：

$$F_2 = \frac{(S_3 - S_1)/[(N-1)(k+1)]}{S_1/(NT - N(k+1))} = 2.1158$$

$$F_1 = \frac{(S_2 - S_1)/[(N-1)k]}{S_1/(NT - N(k+1))} = 0.7041$$

在给定 $\alpha=0.05$ 的显著性水平下，得到相应的临界值为：$F_{2,\alpha}=1.87$，$F_{1,\alpha}=2.16$，所以模型应该采用变截距模型，最后求得变截距模型的结果见表 6.4。

表 6.4 变截距模型结果

Variable	Coefficient	Std. Error	t—Statistic	Prob.
C	−63.0607	53.439	−1.180	0.2424
M?	751.25	312.74	2.402	0.0193
Fixed Effects Cross)				
26——C	130.467			
29——C	−29.278			
32——C	38.122			
34——C	87.608			
35——C	32.314			
36——C	−71.335			
37——C	−188.198			
39——C	−2.1775			
41——C	2.4776			
R^2	0.322609	Mean dependent var	63.51389	
Prob(F-statistic)	0.002512	Durbin-Watson stat	1.806	

M? 前面的系数为 751.25，并且 t 检验同零有显著差异，所以结果表明，t 期的新产品产值会促使 $t+1$ 期的标准化建设。

总结以上的实证分析表明，技术进步促使各个行业的标准化建设，也促进该行业的模块化生产组织，但是标准化或者说是模块化不能直接提高生产技术水平。

6.3 结论与建议

通过本书的分析表明，集成化生产的组织成本较高，简单社会分工的市场行为增加交易成本，模块化实现了集成化生产的组织成本与标准化界面接口成本之间的转换。在生产技术水平提高的条件下，能有效降低标准化接口成本，从而提高生产效率，所以生产技术提高较快的行业不断促使模块化生产组织的形成，尽管模块化不能直接提高生产技术水平。相反，如果不对生产技术水平提高较快的行业实行模块化，则有碍于该行业的进一步发展。本书的不足之处在于论证模块化不能直接促进技术进步时不够充分有力，有待于进一步提高。

我国经济建设正处于结构性调整阶段，"十二五"规划将重点发展战略性新兴产业。从本书看到，发展战略性新兴产业不仅需要技术创新，同样需要生产组织形式的创新。模块化生产组织、标准化建设与技术进步三者相互作用、共同演化，因此，我们应该致力于完善高新技术发展的生产组织，如模块化生产，标准化建设等，进一步推动产业发展。

第7章 环境推动下的企业战略分析——基于我国彩电产业发展的检验

7.1 企业战略选择理论研究的简单回顾

企业战略的理论研究相当丰富，主要分为战略选择和战略管理两方面理论。战略选择理论有一个基本假设：环境条件的改变为企业带来了新的机遇与威胁，在不同的环境条件下需要不同的企业战略与之适应，采用与环境条件相适应战略的企业会取得较高的绩效。因此，为了实现新的发展，企业必须具备识别及利用环境变化带来的机会，选择与环境条件相适应的战略。根据研究的不同视角，战略选择理论可以归结为以下几个方面：

(1)基于资源基础的视角

企业战略资源学派认为，企业战略的主要内容是如何培育企业独特的战略资源，以及最大限度地优化配置这种战略资源的能力。20世纪80年代，库尔(Cool)和申德尔(Schendel)通过对制药业若干个企业的研究，确定了企业的特殊能力是造成它们业绩差异的重要原因。1990年普拉哈拉德和汉默尔在对世界上优秀公司的经验进行研究的基础上提出，竞争优势的真正源泉在于"管理层将公司范围内的技术和生产技能合并为使各业务可以迅速适应变化机会的能力"。1995年，Collis和Montgomery在《哈佛商业评论》上发表了《资源竞争：90年代的战略》一文，提出了公司可以看作是各种资源的不同组合，只有公司拥有了与其业务和战略最相匹配的资源，该资源才最具价值。国内这方面的研究有宋清稳等(2005)利用生长曲线对影响企业技术创新的外部环境因素进行了研究，分析了技术因素、市场因素和政策法规对制定企业战略的必要性。李占国(2006)运用对比分析的方法，从法律政策、金融服务、财政政策、社会服务和市场竞争秩序等几个方面对制约我国企业发展的外部环境进行了阐述，系统地提出了改善企业外部环境的对策。

(2) 基于企业生态的视角

孙成章(1995) 在国内较早地利用企业生态思想研究战略选择问题。王玉(1997)研究了企业的进化特征及其机制，从企业的生物性、企业所处的环境及特性、企业进化中的突变形式三个方面阐述了企业的进化规律。李朝霞(2001)探讨了企业进化的动力来源和作用机理及企业进化的一般过程，揭示了企业进化的机制。张叛和聂锐(2003)创造性地以生态理论和思维来洞察企业战略的生态特征，解读企业战略的生态规律，提出了矫正陈旧战略假设的新视角和新思维，为企业战略理论的发展研究提供了重要启示。张戮和张锐(2004)就战略生态研究的主要目标、主要内容、拟解决的关键问题及战略生态研究的主要方法进行了更深入的阐述。

(3)基于行业生命周期的视角

波特认为，构成企业环境的最关键部分就是企业投入竞争的一个或几个行业，行业结构极大地影响着竞争规则的确立以及可供企业选择的竞争战略。Gort 和 Klepper(1982)以及 Klepper 和 Grabby(1990)考查了 46 个新产品市场后发现，新企业的进入新产业的形成期最多，之后进入水平开始下降，并可能发展在产业的成熟期到达之前。Klepper 和 Miller(1995)进一步将“淘汰”解释为一般在产业的新进入企业数量刚刚开始下降的时候，产业内最大规模的退出就会出现。Utterback 和 Suarez(1995)提出“主导设计”模型，他们认为在产业演进阶段，将会出现一种主导设计，这种设计的出现会锁定未来产品开发的路线，还会引发一系列过程创新，使生产过程更具弹性，并且逐步改善生产效率。Klepper(2002)指出，关于生命周期研究最多的内容就是企业数量的演变。

以上这些文献表明，企业作为一个适应性演化的主体，在战略选择上是一种企业与环境保持互动的机制。本书将从共同演化角度分析企业种群对已改变的外部市场情况作出的反应，以及在不同产业发展阶段、不同产业环境下的主要战略决策。

7.2　共同演化模型的建立

在很长一段时期，达尔文主义是演化经济学的主要观点。达尔文主义认为企业的发展过程纯粹是环境选择的结果，企业被环境因素如资源稀缺、产业准则和产业结构所高度束缚，它的行为只是对环境的适从，对环境的反作用是很小的或者没有影响。霍奇逊和肯德森等人都一直积极倡导普遍达尔文主义，纳尔逊和温特强调“变异、遗传、选择和斗争”的研究范式具有普遍适用性。

以魏特(1997)和福斯特为代表的一些经济学家则认为组织的适应性变化是有意识地发生的，是作为对所观察到的不断变化的环境压力的一种回应。他们主张用自组织理论替代达尔文主义，“自组织理论为演化过程提供了一种抽象的和一般的描述”。1993 年，考夫曼论证了自然选择不能单独地解释复杂有机体的起源，一个统一的演化经济必须处理经济体的自组织和竞争。斯坦利·梅特卡夫 (J. Stanley Metecalfe，2004)指出：“经济是由大量的行为者通过许多种局部联系并在遭遇到大量噪声的状态中交互作用形成的，这是一个极其复杂的、散布着各种交互作用的自组织过程。”国内许多学者利用自组织理论方法研究各种组织的内在机制。陈平教授(2002)用生态学的理论模型来研究劳动分工，和用非线性动力学的方法研究经济混沌存在的理论；金祥荣等(2002)利用两产业重叠性要素竞争模型来揭示专业化产业区的生成机理。何继善与戴卫明(2005)利用种群生态学中研究物种个体间相互关系的理论建立企业间的竞争、互利和上、下游关系。袁桂秋等(2009)通过两企业竞争模型证实企业在投资过程中的相互模仿学习。他们共同用到的生态演化模型为：

$$\begin{cases} \dfrac{\mathrm{d}x_1}{\mathrm{d}t} = a_1(t)x_1(1-b_1(t)x_1-k_{21}(t)x_2) \\ \dfrac{\mathrm{d}x_2}{\mathrm{d}t} = a_2(t)x_2(1-b_2(t)x_2-k_{12}(t)x_1) \end{cases} \tag{7.1}$$

其中，x_i 表示企业 i 的产出水平，$k_{ij}(t)$ 表示企业 i 对企业 j 的竞争影响程度，$a_i(t)$ 表示企业 i 的产出速度，$1/b_i(t)$ 表示企业 i 的潜在产出，它是由企业自身的生产技术水平和专业化生产程度决定。

现代演化经济学的一个重要进展就是吸收了复杂系统理论的思想，探讨不同层级之间的自我适应和自然选择的相互作用关系。共同演化便是指不同互动者之间存在相互的反馈机制，它们的演化动力交织一起，即一个互动者的适应性变化会通过改变另一个互动者的适应而改变其演化轨迹，后者的变化又会进一步制约或促进前者的变化，不同层级之间的互动者的共同演化将促使社会经济系统的演化更加的复杂和充满不确定性。Norgaard(1984 和 1994)是第一个明确地将共同演化概念运用于社会文化、生态经济领域的学者，他认为共同演化是人类物质、思想和价值观与非人类环境相互依赖、相互交织的变化。Johann Peter Murmann(2003)在其著作《知识与竞争优势:企业、技术和国家制度的共同演化》中,通过分析产业(合成燃料产业)、技术(新合成染料的发明)和国家制度(大学教育体系和专利法等)的共演模型,揭示了合成染料产业在德国的兴起及其产业竞争力的形成和演变;J. Tan 和 D. Tan(2005)运用复杂理论与组织学习理论,采用动态方法实证研究了转轨背景下企业战略与环境的共同演化关系。

因此,从共同演化角度分析企业与产业环境之间的演化机制,模型(7.1)尚有些欠缺。因为模型(7.1)中仅仅涉及企业之间的竞合,没有考虑产业的环境禀赋条件。其实产业的环境禀赋条件是该产业发展的重要约束条件,一方面企业的开拓发展,促进该产业的不断升级,提高该产业的环境禀赋条件,从而带动整个产业的发展;另一方面,良好的产业环境禀赋条件反过来促进该产业内企业的生产,这也是资源在环境禀赋条件良好的产业内集聚的原因,企业与产业环境禀赋条件之间存在较强的正反馈机制。本书在考虑企业与环境禀赋条件之间的正反馈机制,将模型(7.1)改进如下:

$$\begin{cases}\dfrac{\mathrm{d}x_1}{\mathrm{d}t}=a_1(t)x_1(1-b_1(t)x_1-k_{21}(t)x_2)+c_1(t)x_1y\\[2mm]\dfrac{\mathrm{d}x_2}{\mathrm{d}t}=a_2(t)x_2(1-b_2(t)x_2-k_{12}(t)x_1)+c_2(t)x_2y\\[2mm]\dfrac{\mathrm{d}y}{\mathrm{d}t}=my(1-b_3(t)y+l_1(t)\dfrac{1}{x_1}\dfrac{\mathrm{d}x_1}{\mathrm{d}t}+l_2(t)\dfrac{1}{x_2}\dfrac{\mathrm{d}x_2}{\mathrm{d}t})\end{cases}\tag{7.2}$$

其中,y 表示该产业的环境禀赋条件,它是指该产业的发展空间。$c_i(t)$ 表示产业要素禀赋条件对企业 i 的影响程度,一般上产业环境禀赋条件越好,越能促进企业的发展,所以 $c_i(t)$ 通常为正数。对相对独立的一个产业,它的环境禀赋条件 y 应该满足 $\dfrac{\mathrm{d}y}{\mathrm{d}t}=my(1-b_3(t)y)$,但是由于产业内企业的不断进步,竞争力不断提高促进该产业的发展空间越来越大,该模型中的 $l_i(t)$ 表示产业内企业的发展对要素禀赋条件的促进程度。模型中的其他参数跟模型(7.1)中的解释一致。

7.3　基于共同演化的企业战略分析

模型(7.2)主要从企业产出角度分析企业战略,而不是从企业利润最大化角度分析的。后者自然包含前者,因为后者还考虑到销售竞争等一些战略。如果在产销平衡的假设下,两者却又是一致的。从模型(7.2)看到,以企业 1 为例,提高产出的主要战略在于四个方面:(1)降低 b_1 值,扩大产能 $1/b_1(t)$;(2)降低 k_{21} 和提高 k_{12} 的值,提高竞争力,譬如降低成本,提高生产技术水平;(3)差异化生产,回避正面竞争,降低企业 2 对自身的制约 k_{21} 的值;(4)提高对环境的利用率 c_1 ,适应环境发展的需求。虽然这些战略不管在什么时候都是必要的,但是在不同的产业环境下企业选择不同的战略策略其效果却大不一样,在不同的产业发展阶段下企业采取的战略重点并不相同。

在模型(7.2)中, $k_{12}x_1$ 是指企业 1 对企业 2 产出的制约程度,而 b_1x_1 是企业 1 的产品在市场上不断增加导致对自身产出的制约。一般上,在市场上一模一样的同一产品的增加对现有产品的制约程度比不是同规格的其他产品的制约影响更加严重些,也就是说,一般上市场成立 $k_{12} < b_1$ 和 $k_{21} < b_2$ 条件。当该条件成立时,这时模型(7.2)的平衡解为:

$$\begin{cases} x_1 = \dfrac{b_2(c_1 + b_3) - k_{21}(c_2 + b_3)}{b_3(b_1b_2 - k_{12}k_{21})} \\ x_2 = \dfrac{b_1(c_2 + b_3) - k_{12}(c_1 + b_3)}{b_3(b_1b_2 - k_{12}k_{21})} \end{cases} \tag{7.3}$$

以企业 1 为例,将(7.3)中的结果改写为:

$$x_1 = \frac{1 - \dfrac{k_{21}}{b_2} + \dfrac{1}{b_3}(c_1 - \dfrac{c_2k_{21}}{b_2})}{b_1 - \dfrac{1}{b_2}k_{12}k_{21}} \tag{7.4}$$

在公式(7.4)中,我们可以通过分析在不同发展阶段,企业改变哪些变量的值可以更加有效地提高 x_1 值,以此来分析企业战略的重点决策:

(一)产业导入期

这时的产业特征为:(1)该产业的市场需求尚在起步阶段,短时期内产业的社会需求量 $1/b_3$ 较小;(2)企业的生产规模普遍较小,所以竞争对手的生产规模 $1/b_2$ 也较小;(3)企业的生产技术水平不是很突出,企业之间的相互影响较弱,即 k_{21} , k_{12} 都较小。在这样的前提条件下,公式(7.4)表明,这时企业 1 应该如何降低 $b_1 - \frac{1}{b_2}k_{12}k_{21}$ 的值来提高 x_1 值,也就是企业降低 b_1 的值,或者提高自身产能 $1/b_1$ 的值,可以达到提高产出 x_1 的较好效果。该分析结果说明,在产业萌芽期,企业扩大产能是最主要的战略选择。

（二）产业快速发展期

经过产业导入期的一段时期发展，处于快速发展期的产业特征是：(1)产业发展的空间已打开，产品的市场需求比较旺盛，也就是说 $1/b_3$ 较大；(2)虽然企业的规模还不是很大，但是企业家数比较多，总体来说 $1/b_2$ 较大。这时由公式(7.4)表明，企业的关键策略：(1)降低公式(7.4)中的分母值，也就是降低 b_1 值，提高自身产能 $1/b_1$；或者提高 k_{12} 的值，即提高企业自身竞争力；(2)因为 $1/b_2$ 较大，所以降低 k_{21} 能使得 $\frac{k_{21}}{b_2}+\frac{c_2k_{21}}{b_2}$ 值有效下降，从而有效提高分子的值。降低 k_{21} 的有效办法是差异化生产，或者保持生产技术领先。(3)因为 $1/b_3$ 值较大，所以提高 c_1 值，充分利用产业环境的发展机遇也是比较有效的企业策略。因此表明，当行业处于快速发展期时，企业应该全方位实施战略充分利用行业发展所带来的机会，在产能上不断扩张，在生产技术水平上争取领先或者降低成本提升自身竞争力，或者采取差异化生产回避正面竞争等。

（三）产业激烈竞争期

这个阶段的最大的特征是产业发展的空间 $1/b_3$ 开始出现滞胀，而且各个企业的生产规模较大，产能有所过剩，即 $1/b_2$ 较大，所以简单提高 $1/b_1$ 值扩大生产规模并不是有效办法。这时由(7.4)表明：(1)因为 $1/b_2$ 较大，所以降低 k_{21} 值使得 $\frac{k_{21}}{b_2}+\frac{c_2k_{21}}{b_2}$ 下降能有效提高分子的值。(2)提高 k_{12} 的值降低分母的值。该结果表明，这个阶段企业的最好战略措施是：要么采取技术领先策略或者成本优势等提升企业竞争力，在激烈竞争环境中脱颖而出，取得发展空间；要么采取差异化生产策略，回避激烈竞争局面，在细分市场上求得更好的发展。

（四）产业后工业时代

经过行业的快速发展和行业内企业之间的激烈竞争，这个时期的产业特征：因为这个阶段社会追求更高品质、更高质量的该产业产品，所以该产业的潜在发展空间，或者说社会需求量仍然很大，即 $1/b_3$ 比较大。但是，$1/b_3$ 与技术水平关系紧密，甚至可以说它是生产技术的函数。一个适合时代发展的技术可以满足人们高品质、高质量的产品需求，开发出巨大的产业发展空间，一个不适合时代发展的技术根本没有多大市场，很快被淘汰。由公式(7.4)表明这个阶段的企业战略主要是提高 c_1，k_{12} 和 $1/b_1$ 值，降低 k_{21}，但是，这些参数都由技术因素决定和制约。所以这个时期的企业战略的关键是选择适合时代发展的技术方向，并在合适的技术上加大投入扩大生产能力。

以上的分析结果归为如下表格：

表 7.1 不同产业发展阶段企业战略重点总汇

时期	状态	分析结果	最有效战略
产业萌芽期	$1/b_3$ ，$1/b_2$ ，k_{21} ，k_{12} 都较小	$1/b_1$ ↑	扩大产能
产业发展期	$1/b_3$ 大，$1/b_2$ 和 k_{21} 都较小	$1/b_1$ ↑ ，k_{21} ↓ ，k_{21} ↑ ，c_1 ↑	提高技术水平、降低生产成本，扩大产能，全方位实施企业战略以充分利用良好的产业环境
激烈竞争期	$1/b_3$ ，$1/b_2$ ，k_{21} ，都较大	k_{12} ↑ ，k_{21} ↓	加大技术研发投入，利用技术优势竞争，或者通过差异代生产回避正面竞争
后工业时期	$1/b_3$ 是新技术函数，$1/b_2$ 和 k_{21} 都较大	在选择合适的技术前提下，$1/b_1$ ↑	对适应时代发展需求的生产技术扩大生产规模

7.4 我国彩电行业的演化战略实例分析

针对我国彩电业的发展，有好多学者和机构给出不同的阶段划分。如谢伟、吴贵生和张晶在“彩电产业的发展及其启示”一文中将我国的彩电业发展阶段划分为：(1)产业导入期(1980－1985 年)；(2)产业波动期(1986－1989 年)；(3)产业稳步增长期(1990－1995 年)和(4)价格战时期(1996 年至现在)。杨蕙馨、刘敬慧(2002)将彩电发展阶段划分为：(1)萌芽期(1980－1985 年)；(2)刺激需求阶段(1989－1995 年)；(3)争夺市场份额阶段(1996 年前后)；(4)“恶性”竞争阶段(1997－2002 年)。中经网数据有限公司的划分为：(1)1982－1985 年，国产品牌涌现。(2)1986－1992 年。(3)1993－1998 年，国内品牌大反攻。(4)1999－2001 年，洋品牌反扑高端。(5)2002 年至今，土洋品牌全面竞争时期。本书根据企业在不同的产业发展条件下，采取不同的战略选择重点，将我国彩电业发展划分为四个阶段：

(一)产业导入期(1980－1985 年)

这个阶段的划分和前面提到的一些专家和机构的划分基本一致。虽然原上海电视机厂在 1978 年引进我国第一条彩电生产线，但是我国彩电业真正起步是在 1982 年引进 3 条彩电装配生产线建成投产后。因为彩电产业产品基本上都是国内企业模仿的，市场都是面向国内市场的，在进入障碍较小的情况下，国内当时有大量的企业在此阶段进入了彩电产业，并涌现出了长虹、熊猫、金星、牡丹、飞跃等一大批国产品牌。本书的分析表明，该阶段扩大产能是企业最好的战略选择。如，长虹自 1980 年 5 月第一条彩电生产线建成，在 1985 年的年产量就达到 36 万台。我国 1981 到 1985 年的彩电生产总量依次分别为 15.21 万，28.81 万，53.11 万，133.95 万和 435.22 万台，从绝对数值看比较低，但是这一阶段我国彩电产品总产出的年平均增长率却很高，约为 185%。这些都表明我国彩电企业在起步的初始阶段的战略重点，都加大投入，扩大生产规模。

(二)快速发展期(1986－1995 年)

由于彩电是我国居民家庭的第一大件，这个阶段社会对彩电的需求极其旺盛，所以这一阶段的我国彩电业处于高速增长期。回顾这个阶段的发展历史，由于在 1992 年前，国家控制着彩电价格，企业基本上没有定价权，因此在 1986 年以后的几年时间里，彩电供给严重短缺，彩电票在黑市上以几百元的价格流通，在正常渠道很少见到彩电销售。1988 年严重通货膨胀导致了一场彩电抢购风，彩电的供需矛盾变得更加尖锐。1989 年随着社会通胀被控制，彩电抢购风也逐渐降温，消费者持币观望气氛浓重，并且在年初国家又开始对彩电征收特别消费税，每台加价 300 元，导致彩电市场陷入低迷。为刺激需求，减少库存，1989 年 8 月长虹率先降价，其他企业跟随降价。这是我国彩电业的第一次价格战，但是这是为了降低库存压力，同时也是对彩电价格的一个合理调整，所以这次价格战并没有损伤到彩电业的发展。随着经济的复苏，以及从 1992 年起政府取消对电视机价格的控制，从 1990－1995 年这一阶段，中国彩电市场销售势头十分旺盛，彩电总产出年平均增长率约为 14%。

从本书的分析结果看，这个阶段的企业战略应该在扩大生产规模的同时，加大科研投入，减少生产成本，提升企业竞争力。但是，实际上，国内彩电企业的生产规模是在不断扩大，截至 1995 年，我国有 96 家彩电企业，生产能力为 4467 万台，产量超过 100 万台的有 10 家。但是竞争力却不强，国产品牌在这一阶段的生产技术、品种、功能、质量、价格等诸多因素都不及国外品牌，国外品牌彩电企业凭借其技术优势和品牌优势，确定了它们在我国彩电市场上的优势地位。我国彩电业在该阶段简单地向国外购买生产线扩大生产规模，缺乏技术竞争力，潜在地导致后面产业发展时的价格激战。

(三)激烈竞争期(1996－2002 年)

这一阶段我国彩电产业的主要特点是以长虹公司在 1996 年发动降价竞争

为标志的价格战。1996 年 3 月 26 日，长虹再次在全国范围内降价 30%，造成彩电业空前震荡，康佳、TCL 跟风，在价格战中，长虹的市场占有率提高 10%，达到 27%，国内彩电以低价格优势由此占据市场的绝对主导地位，同洋品牌的市场占有率相比是 8∶2。然后，在以后的彩电业发展过程中，价格战纷争不断。1997 年初，广东高路华推出超低价位彩电，冲击一些地区市场，甚至把专卖店直接开到长虹、熊猫等彩电企业的厂门口。1998 年 6 月为了适应不同层次的消费者需求，纷纷推出低价位彩电打入市场，由康佳、TCL 发起第四次价格战。由于长虹实行彩管垄断资源战略，1999 年 4 月 7 日由彩虹率先发起第五次价格战，长虹将其 21 英寸、25 英寸、29 英寸降价 1000 元，康佳等企业不断跟进。2000 年 8 月 11 日，康佳宣布其产品在全国范围内降价 20%，爆发了第六次彩电价格大战。

这一阶段我国彩电企业不是选择技术创新战，而是演变为激烈的价格战，实在是迫不得已的战略选择。一方面我国彩电生产线的建立几乎全是靠技术引进来完成的，技术标准或生产线的相似性，使彩电产品的型号、规格、性能等几乎没有什么客观差别，所以彩电产品差异化程度较低，彩电产品在功能、技术含量上相同的比例高达 70%；另一方面关键技术或组件却掌握在国外企业手中，洋品牌转向技术升级产品，抢先高端市场，索尼、松下、夏普、LG、三星、飞利浦等在等离子电视、液晶电视、背投电视为代表的高端彩电市场处于主导地位。大部分国内彩电品牌仍旧在低端市场，所以，国内彩电企业没法从核心技术和差异化生产展开竞争，只好被动地选择价格战。

连续的价格战，国内彩电企业均未达成预期目标，消耗了企业自身资源，透支了企业未来的竞争力，不仅国内彩电企业的生产销售远远低于同期 GDP 增长率，甚至负增长，并且国内彩电业进入微利时代，甚至负利润。这是在错误的时间、错误的地点、发动的错误的价格战。连续的价格战，一些小企业难以生存，许多中小企业纷纷被国内品牌企业收购。1997 年 2 月，彩虹集团收购了生产海燕牌电视的西安无线电一厂。1997 年 12 月，生产山茶牌电视机的云南电视机厂被同创公司、宣威公司和云南电子工业总公司兼并。长虹集团控股生产三元牌电视机的原南通电视机厂；TCL 集团控股河南新乡美乐彩电集团，康佳集团兼并了安徽滁州电视机厂，海信集团收购生产华日牌电视机的华日电器有限公司，控股生产金风牌电视机的抚顺金风电视机厂。大家描述为“黄河断流，如意断柄，熊猫不翻身，牡丹好花不常开，厦华一路下滑，凯歌不响，金星不亮，孔雀断翅”。市场份额进一步向名牌集中，10 大品牌的市场占有率超过 80%；

TCL、康佳则用产业升级换代冲击长虹的规模和库存，国内品牌通过合资、降价等手段，逐步缩小了与国外品牌的价格差距，市场份额有所上升，彩电业的生产集中度不断提高。到 2002 年底，超过 100 万台生产规模的企业仍然有 10 家，但总数量却减少到了 68 家。竞争的压力使企业加大了成本控制和拓展国外市场的努力，加快了技术创新步伐，加大 R&D 投入，创新尤其是技术创新成为支撑价格战的一个强有力武器，大家期待国内彩电企业能由价格战发展演变为技术创新战。

（四）后工业时代（2002 年至今）

受三大因素影响，国内彩电行业在 2002 年得到全面恢复：一是 2002 年的背投彩电、等离子彩电等高端彩电产品刺激了消费，开始红火；二是主要彩电生产企业近几年进一步强化管理，专注发展，使成本进一步降低，产品质量和价格更具竞争力；三是出口形势进一步好转，2002 年总出口 1882 万台，相比于 2001 年出口 1162.8 万台，增长近 62%。但是，在 2002 年开始好转的国产彩电企业却至今仍然一直处在机遇和困境的狭缝中。

2003 年，由于国内房地产业的兴起，致使以低价拼抢市场的彩电业遭遇原材料涨价的难题。随着钢材、塑料、铜、铝价格的上涨，国内彩电行业主要用钢供给严重不足，许多企业无法按生产计划采购到足量的钢材，生产成本急剧上涨以致发生亏损的严峻形势。2004 年开始演绎核心技术和高端产品的激烈争夺战，随着 TCL、康佳、长虹、海信、海尔、创维等国产品牌加快推进彩电高端战略，高端彩电市场竞争日趋白热化。2007 年由于美国 FCC 规定自 2007 年 3 月 1 日起，出口到美国市场的电视必须是数字电视，同时 13 英寸以上的电视必须符合先进制式委员会（ATSC）标准的技术规范。与此同时，欧洲数字电视标准 DVB-T 也酝酿对我国数字电视出口征收专利费用，日本要求对出口日本的产品采纳日本标准，并借此征收专利许可费。目前，我国出口的平板电视主要以贴牌为主，80%的利润都被国外家电巨头赚走，中国企业只能赚取微薄的加工费，美国数字电视标准高昂的收费标准显然远超国内彩电企业的承受能力。

虽然国内彩电企业的困难重重，但是数字化进程的加快以及新型显示器件和信息技术的发展，彩电企业在各种竞争和压力的挤压下，找到产业发展的突破口，带给了高端彩电市场的发展机遇。平板电视的异军突起掀起新的波澜，包括液晶电视、背投电视和等离子电视的高端彩电市场，产品的高画质、高清晰、薄型化、节能型、环保型、多功能等内在特性，高性价比，是未来几年内彩电行业的主要发展趋向。数字电视整体转换进程脚步没有放慢，整体转换在全国范围内展开，大批省市进入数字电视整体转换阶段，随着多项数字电视标准出台和3C融合，整个产业发展方向进一步清晰，产业结构调整进一步深化，产业重心继续上移，我国彩电业的生产技术不断升级转型。

总结这一阶段的最大特点，是高新技术推动消费结构升级，带动彩电业新的增长空间。本书前面的战略分析结果表明，该阶段企业的战略选择最根本的是选择正确的技术发展方向，然后根据正确的技术发展方向实施相应的企业资源配置和技术研发投入，实现大企业战略定位。我们从出口情况和企业利润增长情况，均证实了这一点。

表7.2　国内彩电业2003—2009年的产量和出口情况　单位:万台

	2003年	2004年	2005年	2006年	2007年	2008年	2009年
彩电出口	2277	2772	3975	10562	4788	4956	5401
液晶彩电	218.6	309	729	1471	2228	2738	6780
等离子	1.76	10	24.3	64	56	126	609
CRT彩电	2011	2484	2564	9026	2481	2071	2510
彩电产量	6541.5	7328.8	8283.2	8375.4	8433	9033.1	9899
农村居民每百户平均拥有量	67.8	75.1	84.1	89.4	94.4	99.2	108.9

表7.2收集了国内彩电业2003—2009年的产量和出口数据，在表中看到，我国彩电行业总产量自2003—2009年，有比较好的增长。但是从市场角度看，如果将每年的总产量减去出口数量，发现国内市场几乎没有多大增长，并且随着农村居民每百户平均拥有量的不断提高，我国彩电业面临的国内市场依然越来越严峻。不过，适合时代发展的新产品却有广阔的市场。从出口看，我国彩电在2009年出口达到5401万台，但是出口主要贡献是液晶彩电，液晶彩电出口一直高速增长。我国传统优势的CRT彩电技术的出口基本没有增长，维持CRT彩电出口的主要因为巴西等拉美市场还处于CRT彩电时代。从国内生产总量看，2009年我国彩电行业总产量为9899万台，同比增长6.2%。其中，液晶电视产量6780万台，同比增长65.8%；CRT电视产量2510万台，同比减少45.9%。[①] 这些行业数据表明，我国彩电业的发展空间不是简单的产能增加，也不是简单的发展高精尖技术，而是发展能够带动消费结构升级和产业增长空间的高新技术，并在这样的高新技术下加大企业资源配置和技术研发投

① 中国电子视像行业协会发布的数据

入，实现大企业战略。

表 7.3　国内四大彩电生产商的近 3 年业绩比较

	海信	TCL	长虹	康佳
2007 年彩电营业收入增长率	5.83	−2.07	13.63	−5.33
2007 年彩电成本增长率	2.36	−1.64	25.59	−8.83
2007 年彩电利润增长率	2.73	−0.39	−1.37	3.06
2008 年彩电营业收入增长率	8.46	−6.81	3.73	−2.4
2008 年彩电成本增长率	9.43	−6.88	4.80	−2.8
2008 年彩电利润增长率	−0.72	0.05	−0.83	−0.6
2009 年彩电营业收入增长率	37.2	16.60	11.53	3.7
2009 年彩电成本增长率	34.84	16.26	13.01	3.8
2009 年彩电利润增长率	1.44	0.24	−1.08	0

海信在近几年专做液晶电视，而长虹继续发挥自身在 CRT 尖端技术的优势，但是表中明显看到两企业的差异：两者的彩电营业收入都在高增长，但是长虹的成本增长高于营业收入增长，导致利润的负增长，经营状况不及生产规模萎缩的康佳。相比之下，海信彩电取得了生产规模和利润的共同发展，这些归功于海信在近几年内正确的技术发展方向。

7.5　结　论

在共同演化分析框架下，本章将产业发展路径划分为四个阶段：导入期，快速发展期，激烈竞争期和后工业时代。由于不同发展阶段的前提条件并不相同，所以本章得到企业在不同产业发展阶段采取不同的战略重点。在导入期，由于该产业的市场需求尚在起步阶段，企业的生产规模普遍较小，并且企业之间的相互影响、相互竞争关系较弱，这时企业应该选择扩大产能。在产业快速发展期，产业的发展空间已打开，产品的市场需求比较旺盛，企业面临行业产能的扩大，这时战略重点是全方位发挥，既要提升竞争力，又要扩大产能，充分利用环境发展提供的境遇。在激烈竞争时期，这个阶段的最大的特征是产业发展的空间开始出现滞胀,而且各个企业的生产规模较大,产能有所过剩,这个阶段企业的最好战略措施是:要么采取技术领先策略或者成本优势等提升企业竞争力,在激烈竞争环境中脱颖而出,取得发展空间;要么采取差异化生产策略,回避激烈竞争局面,在细分市场上求得更好的发展。后工业时代产业,虽然潜在的发展空间仍然很大,但是它是生产技术的函数。所以,首先选择适合时代发展的技术方向,在正确的技术选择下,加大投入扩大产能。最后,本章通过我国彩电业的发展轨迹的回顾与检验,充分印证了基于共同演化原理分析企业战略的正确性。

第 8 章　我国制造业的规模经济效益影响因素分析

规模经济有两方面含义，即内部规模经济和外部规模经济。内部规模经济是指企业的生产随其生产规模的扩大而产出效率递增的生产状况；外部规模经济是指整个行业或者整个区域的生产规模扩大而产出效率递增的经营状况。因为规模经济揭示生产规模和经济效果之间的关系，是资源积聚效应的体现，所以不管内部规模经济还是外部规模经济问题，都受到经济学界的广泛重视，本书主要讨论企业的内部规模经济效益问题。

从经济理论的发展过程看，大多数经济学家将企业规模经济效益归结为企业内部组织的效率，高效率的企业内部组织能产生较好的规模经济效益。亚当·斯密(1776)在《国富论》中指出："劳动生产上最大的增进，以及运用劳动时所表现的更大的熟练、技巧和判断力，似乎都是分工的结果。"企业之所以能提高生产率，形成规模效益的原因在于企业有效组织内部劳动分工，形成专业化生产特点，劳动分工和专业化生产的有效组织能促进企业一定规模的批量生产，产生规模经济。亚当·斯密的劳动分工、专业化生产理论可以说是规模经济的一种古典解释。马歇尔(1890)在《经济学原理》一书中提出："大规模生产的利益在工业上表现得最为清楚。大工厂的好处在于：专门机构的使用与改革、采购与销售、专门技术和经营管理工作的进一步划分。"马歇尔还论述了规模经济形成的两种途径，即依赖于个别企业对资源的充分有效利用、组织和经营效率的提高而形成的"内部规模经济"和依赖于多个企业之间因合理的分工与联合、合理的地区布局等所形成的"外部规模经济"。马克思(1867)在扩大再生产理论中指出，大规模生产是提高劳动生产率的有效途径，是近代工业发展的必由之路。只有形成大规模生产才能组织劳动的分工，才能使生产资料由于大规模积聚而得到节约，才能产生那些按其物质属性来说适于共同使用的劳动资料，如机器体系等，才能使巨大的自然力为生产服务，才能使生产过程变为科学在工艺上的应用。

以科斯(1937)为代表的交易成本理论则从市场交易成本的角度出发,通过企业内部组织的成本与市场交易成本之间的比较,对企业规模经济作出独到的解释。钱德勒(Alfred D Chandler,1977)在《看得见的手》一书中也指出:"当管理上的协调比市场机制的协调带来更大的生产力、较低的成本和较高的利润时,现代多单位的工商企业就会取代传统的大小公司。"相反,当内部组织的成本较市场交易成本大时,企业就缺乏内部组织效率,将会导致"X 非效率"。美国哈佛大学教授哈维·莱宾斯坦(Harvey Leibenstein,1966)在《效率配置和效率》一文中指出:大企业内部组织层次多,机构庞大,关系复杂,企业制度安排往往出现内在的弊端,使企业费用最小化和利润最大化的经营目标难以实现,从而导致企业内部资源配置效率降低,这就是"X 非效率",正是"X 非效率"制约企业发展规模经济。

但是,企业的内部组织并不是静态、一成不变的,它是由人及其相互关系组成的,为了完成一定的目标而建立的一个协调活动的系统,它与外部环境相联系,是一个开放的系统,并且需要对外部环境的变化迅速做出反应。首先,企业要适应环境,只有适应环境并能随时根据环境的改变而灵活变化的企业才能生存,并保持和增强自身的竞争力。其次,企业对环境又有一种反作用,众多企业的集体行为也能改变环境,尤其是所处的行业环境。所以,企业的成长过程类似于生物的进化过程,在环境变化时,只有那些总能做出正确选择的企业才能被环境所选择,生存发展下来,并且,企业通过对环境进行适应性学习,并借助拉马克式遗传保存学习的结果来保持企业持续的生存优势。韩楠和弗里曼(M. T. Hannan 和 J. H. Freeman,1977)提出,企业内部组织在外部经营环境中的生存与自然界的适者生存一样,环境依据组织结构的特点以及组织与环境是否相适应来选择一些组织或淘汰一些组织①。Aldrich, H. E. 和 J. Pfeffer (1976)同样指出"环境因素选择组织特性,使组织与其环境能最佳地匹配"②。所以企业内部组织是企业自身和环境之间不断演化发展的结果,决定企业内部组织演化发展过程的因素既是企业内部组织效率的影响因素,也是影响规模经济效益的因素。

国内对规模经济的研究问题基本上集中在分析一定产业内企业的规模经

---

① Hannan, M. T. and J. H. Freeman. The Population Ecology of Organizations. *The American Economic Review*. 1982. PP: 929 - 964.

② Aldrich, H. E. and J. Pfeffer. Environments of Organizations. *Annual Review of Sociology*. 1976. (2):79.

济生产情况及其影响因素，如：王振山(2000)在研究银行规模与商业银行运行效率的关系时，指出我国现有商业银行虽然就总体规模而言较发达国家商业银行小得多，但从规模效率的角度进行考察，规模过小或规模过大导致的规模不经济同时存在，而且制约我国商业银行规模效率的主要因素是银行技术因素；王聪和谭政勋(2007)采用随机前沿法 SFA 方法测算了 1990—2003 年我国商业银行的 X-利润效率、规模效率、范围效率及其动态变化，然后分析了宏观因素、产权制度与市场结构对效率水平的影响程度和影响机制。实证检验结果表明，两类商业银行均存在一定程度的规模效率，国有商业银行在大多数年份里的规模效率好于股份制银行，从时间趋势来说，两类商业银行由于规模的扩大，规模经济效应正在逐步减弱且差距也在逐步缩小。产权制度是造成这种差异的关键原因，市场竞争程度对商业银行效率也产生了非常重要的影响，且两者对商业银行效率的影响是一种互补关系而不是替代关系。焦国华，江飞涛和陈舸(2007)采用数据包络分析法对我国 57 家重点大中型钢铁联合企业的相对效率和规模效率进行实证研究，研究表明这些企业在效率上存在显著差异，并且不少企业效率低下，我国钢铁工业并不存在显著的规模经济特征，其主要原因是相对缺乏优胜劣汰的竞争机制。林嘉楠(2008)运用超越对数成本函数，求得我国 16 家具有代表性的保险公司 1998－2006 年的规模经济系数，并将这 16 家样本公司分成三组进行对比分析。实证研究表明，我国保险公司在整体上存在轻微的规模经济效应，但规模大的保险公司并不比规模小的保险公司具有更为明显的规模经济效应。

本书有别于以上的这些研究，首先将采用数据包络分析方法计算我国上市公司中的制造业企业自 2000－2006 年间的规模经济效益值，同时，根据企业演化发展原理，实证分析影响我国制造业企业的规模经济效益的因素。规模经济作为经济学中最基本理论之一，所以本书的研究有助于经济理论的不断完善。而且，通过对制造业企业的规模经济分析，有助于了解我国经济发展过程中各行业的发展特点，以及对各行业中企业的扩大再生产具有启发意义。

8.1　企业规模经济效率的测算

度量规模经济效率的方法很多，按测度思路的不同，有成本法、工程法、规模效率法、综合评价法和生存法六种。成本法就是利用以往的生产规模与生产成本之间关系的数据资料进行归纳分析,获取长期成本曲线,然后确定企业最佳生产规模的方法。工程法有"专家法"和"技术定额法"两种度量思路,"专家法"是通过搜寻相关专家关于单一产品或多工厂成本曲线的斜率和最优规模的意见,得出最佳规模的估计值;"技术定额法"是利用技术费用定额,按工艺流程的要素消耗,计算成本费用曲线,而后确定经济规模。投入产出法的总体思路是通过直接建立投入和产出之间的关系函数来衡量评价对象的规模经济。综合评价法是通过构建能综合反映评价对象规模经济效益的指标体系来衡量。由施蒂格勒提出的生存法,以企业生存时间为指标,假定不同规模厂商的竞争会筛选出效率较高的企业。如果某种规模的厂商数目增长最快,则此规模即为最佳经济规模。规模效率法分为无界分析法(Free Disposal Hull,FDH)和数据包络分析法(Data Envelopment Analysis,DEA)。无界分析法是通过构建生产前沿面,比较决策单位与生产前沿面之间的距离,从而计算出决策单位的技术效率和规模效率的一种方法;数据包络分析法将在下文详细介绍。

8.1.1 测算方法介绍

因为 DEA 计算的是一个相对比较值,具有无需建立具体的生产函数、适合多投入和多产出情况下的规模收益分析以及不需考虑量纲等优点,所以它较其它规模经济效率计算方法具有明显优势。类似于焦国华[①](2007)等人的《中国钢铁企业的相对效率和规模效率》一文中的计算,本书采用数据包络分析法(DEA)计算企业的规模效率状况。

全要素生产率是由索洛、肯德里克和丹尼森[②]等人在研究宏观经济中"内增长模型"时提出并发展起来的。他们打破了"资本积累是经济增长的决定性因素"的传统观点,提出了技术进步、技术创新的扩散程度、资源配置的改善、规模经济、政策影响以及其他不规则因素是经济增长的主要动力和源泉,并把这些因素归结为全要素生产率。受他们的影响,国内外学者都集中在利用全要素生产率指数分析宏观经济或产业经济的变化状况,但是很少有学者认真分析过企业的全要素生产率指数。

全要素生产率指数有多种形式,其中目前被广泛使用的典型的生产率指数

---

① 焦国华,江飞涛,陈舸.中国钢铁企业的相对效率和规模效率[J].中国工业经济,2007(10).

② Denison,E.F.,Why Growth Rate Differ[J]. Washington, D.C. The Brookings Institution. 1967

是 Malmquist 指数。它首先由 Malmquist 在 1953 年提出的，继而由 Caves，Christensen，Diewert 和 Fare 等人进一步发展而成。由于该指数运用 Shephard 的距离函数来定义的，所以它用来描述不需要说明具体行为标准的多个输入变量和多个输出变量的生产率指标。根据 Shephard 的方法，输出变量的距离函数定义如下：

$$D_0(x,y)=\inf\{\delta:(x,y/\delta)\in P(x)\} \tag{8.1}$$

其中 x 和 y 表示输入向量和输出向量，δ 表示 Farrell 的定向输出效率指标①，$P(x)$定义为可能生产集合。如果 y 是 $P(x)$的组成部分，则函数的值将小于或等于 1。如果 y 位于可能生产集合的外部边界上，那么函数值将等于 1；反之，如果 y 位于 $P(x)$外部，那么函数的值将大于 1。

基于投入的全要素生产率指数可以用 Malmquist 生产率指数来表示：

$$M_0^t=\frac{D_0^{t+1}(x_t,y_t)}{D_0^t(x_t,y_t)} \tag{8.2}$$

这个指数测度了在 t 期的技术条件下，从 t 到 $t+1$ 期的全要素生产率效率的变化率。同样，可以定义在 $t+1$ 期的技术条件下，测度从 t 到 $t+1$ 期的全要素生产率变化的 Malmquist 生产率指数：

$$M_0^{t+1}=\frac{D_0^{t+1}(x_{t+1},y_{t+1})}{D_0^{t+1}(x_t,y_t)} \tag{8.3}$$

其中 $D_0^t(x_t,y_t)$ 和 $D_0^{t+1}(x_{t+1},y_{t+1})$ 分别是根据生产点在相同时间段同前沿面技术相比较得到的输出距离函数。而 $D_0^t(x_{t+1},y_{t+1})$ 和 $D_0^{t+1}(x_t,y_t)$ 分别是根据生产点在混合期间同前沿面技术相比较得到的输出距离函数。

为了避免在选择生产技术参照系的随意性，Fare 等人(1989，1992)把以投入为指标的 Malmquist 生产率指数特定为两个 Malmquist 指数的几何平均值：

$$M(x_{t+1},y_{t+1};x_t,y_t)=\left[\frac{D_0^t(x_t,y_t)}{D_0^t(x_{t+1},y_{t+1})}\times\frac{D_0^{t+1}(x_t,y_t)}{D_0^{t+1}(x_{t+1},y_{t+1})}\right]^{1/2} \tag{8.4}$$

根据 Fare 等人(1989，1992)的研究，前面的 Malmquist 指数可以写成下列等价形式，该等式将生产率变化分解成技术效率和前沿面的变化两个部分：

$$M(x_{t+1},y_{t+1};x_t,y_t)=\frac{D_0^t(x_{t+1},y_{t+1})}{D_0^t(x_t,y_t)}\left[\frac{D_0^t(x_{t+1},y_{t+1})}{D_0^{t+1}(x_{t+1},y_{t+1})}\times\frac{D_0^t(x_t,y_t)}{D_0^{t+1}(x_t,y_t)}\right]^{1/2} \tag{8.5}$$

(8.5)式中方括号外的第一项测算技术效率的定向输出指标在区间 t 和 $t+1$ 的(逐渐趋近于生产边界)变化，而方括号里的项作为技术变化(创新)指标。

---

① 根据方程(1)，输出变量距离函数等于 Farrell(1957)计算的技术效率指标的倒数。

它是前沿面在区间 t 和 $t+1$ 变化的几何平均值。

根据 Fare 等人(1994)的研究，方程(8.5)中 Malmquist 指数中技术效率变化部分能够进一步的分解为纯效率变化和规模效率变化：

$$M(x_{t+1},y_{t+1};x_t,y_t)$$

$$=\frac{S_0^t(x_{t+1},y_{t+1})}{S_0^t(x_t,y_t)}\times\frac{D_0^t(x_{t+1},y_{t+1}/\mathrm{VRS})}{D_0^{t+1}(x_{t+1},y_{t+1}/\mathrm{VRS})}\left[\frac{D_0^t(x_{t+1},y_{t+1})}{D_0^{t+1}(x_{t+1},y_{t+1})}\times\frac{D_0^t(x_t,y_t)}{D_0^{t+1}(x_t,y_t)}\right]^{1/2}$$

其中第一项表示规模效率变化，第二项表示纯技术效率变化，最后一项表示技术变化。生产率的变化，即 M_0，分解为纯技术变化，规模效率变化以及技术变化，可能等于 1、大于 1 和小于 1，分别表示没有变化、有改进和倒退了。图 8.1 显示距离函数和 Malmquist 指数是如何构建的。

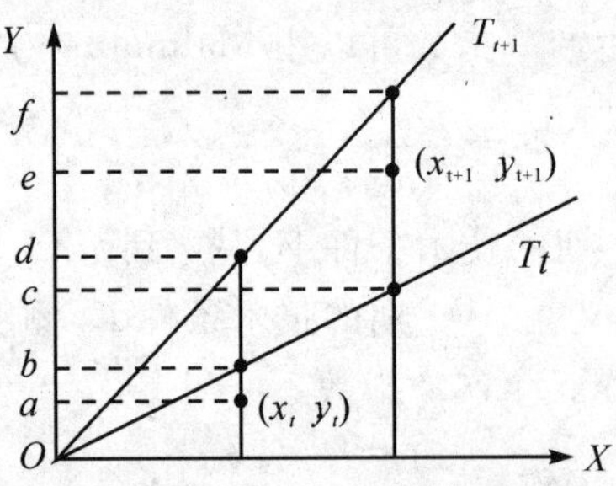

图 8.1　Malmquist 指数和距离函数
(distance functions)的关系图

$$D_0^t(x_t,y_t)=oa/ob$$
$$D_0^{t+1}(x_{t+1},y_{t+1})=oe/of$$
$$D_0^t(x_{t+1},y_{t+1})=oe/oc$$
$$D_0^{t+1}(x_t,y_t)=oa/od$$

技术效率变化：

$$\left[\frac{D_0^{t+1}(x_{t+1},y_{t+1})}{D_0^t(x_1,y_t)}=\frac{oe/of}{oa/ob}\right]$$

技术变化：

$$\left[\frac{D_0^t(x_{t+1},y_{t+1})}{D_0^{t+1}(x_{t+1},y_{t+1})}\times\frac{D_0^t(x_t,y_t)}{D_0^{t+1}(x_t,y_t)}\right]^{1/2}=\left[\frac{oe/oc}{oe/of}\times\frac{oa/ob}{oa/od}\right]^{1/2}$$

Malmquist 指数：

$$\left[\frac{D_0^{t+1}(x_{t+1},y_{t+1})}{D_0^t(x_1,y_t)}\right]\left[\frac{D_0^t(x_{t+1},y_{t+1})}{D_0^{t+1}(x_{t+1},y_{t+1})}\times\frac{D_0^t(x_t,y_t)}{D_0^{t+1}(x_t,y_t)}\right]^{1/2}$$

$$=\frac{oe/of}{oa/ob}\left[\frac{oe/oc}{oe/of}*\frac{oa/ab}{oa/ob}\right]^{1/2}$$

参数和非参数方法都能够用于计算构成 Malmquist 指数基础的距离函数(如 Aigner 和 Chu，1968；Caves，Christensen，和 Diewert，1982；Fare，Grosskopf 和 Lovell，1985；Fare 等，1989；Balk，1993)。在本书中，我们采用 Fare 等人(1994)推荐的非参数准 DEA 线性规划来计算我国各个地区的在时间段和间的距离函数来检验 TFP 的变化。在本书中，我们现在只是简单的描述了用于计算 cross－sectional 效率指标和 Malmquist 指标的 DEA 方法。

假定我们有 $k=1,\cdots,K$ 家企业在每个时段 t，这里 $t=1,\cdots,T$，有 N 项输入 $x_{n,kt}$，$n=1,\cdots,N$，有 M 项输出，即 $y_{m,kt}$，$m=1,\cdots,M$。z_{kt} 表示激烈程度。$F_0^{'}(x_{kt},y_{kt})$ 表示定向输出 Farrell 效率指标，该效率指标给出 k 企业在 t 时间 y_t 的最大可能范围。

$$F_0^{'}(x_{kt},y_{kt})=\max\delta$$

$$st\quad \delta y_{m,kt}\leqslant\sum_{k=1}^{K}z_{kt}y_{m,kt},m=1,\cdots,M,$$

$$\sum_{k=1}^{K}z_{kt}x_{n,kt}\leqslant x_{n,kt},n=1,\cdots,N \tag{8.6}$$

$$z_{kt}\geqslant 0,k=1,\cdots,K$$

由于 Farrell 效率指标是 Shephard(1953)的距离函数的反函数，所以 $F_0^{'}(x_{kt},y_{kt})$ 实际上等于 $[D_0^t(x_{kt},y_{kt})]^{-1}$。通过对距离函数和 Farrell 技术效率指标的关系探讨，我们能够建立下面四个线性规划问题，并且得到它们的解的倒数，那么把它们代入方程(8.5)中就可以得到 Malmquist 效率指数。这四个线性规划问题如下所示：

$$F_0^t(x_{kt},y_{yt})=[D_0^t(x_{kt},y_{kt})]^{-1}=\max\delta,$$

$$st\quad \delta y_{m,kt}\leqslant\sum_{k=1}^{K}z_{kt}y_{m,kt},m=1,\cdots,M \tag{8.7}$$

$$\sum_{k=1}^{K}z_{kt}x_{n,kt}\leqslant x_{n,kt},n=1,\cdots,N$$

$$z_{kt}\geqslant 0,k=1,\cdots,K$$

$$F_0^{t+1}(x_{kt+1}, y_{yt+1}) = [D_0^{t+1}(x_{kt+1}, y_{kt+1})]^{-1} = \max\delta,$$

$$st \quad \delta y_{m,kt+1} \leqslant \sum_{k=1}^{K} z_{kt+1} y_{m,kt+1}, m = 1, \cdots, M$$

$$\sum_{k=1}^{K} z_{kt+1} x_{n,kt+1} \leqslant x_{n,kt+1}, n = 1, \cdots, N \tag{8.8}$$

$$z_{kt+1} \geqslant 0, k = 1, \cdots, K$$

$$F_0^{t}(x_{kt+1}, y_{yt+1}) = [D_0^{t}(x_{kt+1}, y_{kt+1})]^{-1} = \max\delta,$$

$$st \quad \delta y_{m,kt+1} \leqslant \sum_{k=1}^{K} z_{kt+1} y_{m,kt}, m = 1, \cdots, M \tag{8.9}$$

$$\sum_{k=1}^{K} z_{kt} x_{n,kt} \leqslant x_{n,kt+1}, n = 1, \cdots, N$$

$$z_{kt} \geqslant 0, k = 1, \cdots, K$$

$$F_0^{t+1}(x_{kt}, y_{yt}) = [D_0^{t+1}(x_{kt}, y_{kt})]^{-1} = \max\delta,$$

$$st \quad \delta y_{m,kt} \leqslant \sum_{k=1}^{K} z_{kt+1} y_{m,kt+1}, m = 1, \cdots, M \tag{8.10}$$

$$\sum_{k=1}^{K} z_{kt+1} x_{n,kt+1} \leqslant x_{n,kt}, n = 1, \cdots, N$$

$$z_{kt+1} \geqslant 0, k = 1, \cdots, K$$

注意到前面两个线性规划问题是同一时间的问题，后两个线性规划问题是交叉时段问题。

DEA 方法的运用还考虑到了输入松弛的度量问题。输入松弛问题是指输入量被过度使用的程度。输入松弛问题的出现是因为 DEA 方法中非参数前沿面的分段线性的本质。如图 8.2 所示，C 和 D 表示两个具有效率的公司，用它们来定义前沿面，A 和 B 表示两个非效率的公司。根据 Farrell(1957)对效率的度量，A 的效率值等于OA'/OA，B 的效率值等于OB'/OB。即使当 A 投影到前沿面上，我们也能够进一步减少输入量 x_2 的值(通过 CA' 的值)，仍能获得相同水平的输出量。CA' 的值称作输入松弛。

(1)CCR 模型

A. Charnes，W. W. Cooper 和 E. Rhodes 在 1978 年最早提出的模型即被称

为 CCR 模型，主要用来评估固定规模报酬（Constant Returns to Scale，CRS）下多项投入与产出时的相对效率。作为一种非参数估计方法，CCR 模型的基本思想是先将若干 DMU 的各项投入与产出分别加以线性组合，再以投入与产出这两个线性组合的比值表示效率。模型中各项权数是由各 DMU 在投入、产出组合最有利的情况下加以确定的。不过，在使用此模型时，必须遵守投入与产出之比值不得大于 1 的限制，以满足效率值上限为 1 的要求。当然，某个 DMU 的效率值越接近于 1，则代表该 DMU 的相对有效率程度越高。

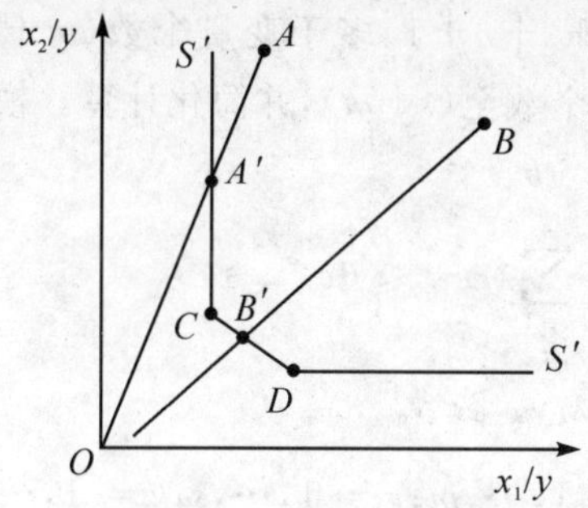

图 8.2　松弛问题图示

假设研究 n 家公司的相对有效性问题，即有 n 个 DMU，第 $k(k=1,\cdots,n)$ 个 DMU 使用 m 种投入，其投入向量为 x_{ik} $(i=1,\cdots,m)$；产生 s 种产出，其产出向量为 y_{rk} $(r=1,\cdots,s)$。则第 k 个 DMU 的效率值可以由以下模型求出。

$$\max E_k = \frac{\sum_{r=1}^{s} u_r y_{rk}}{\sum_{i=1}^{m} v_i x_{ik}}$$

$$s.t. \frac{\sum_{r=1}^{s} u_r y_{rk}}{\sum_{i=1}^{m} v_i x_{ik}} \leqslant 1, k = 1, \cdots, n \tag{8.11}$$

$$u_r \geqslant 0, v_i \geqslant 0$$

其中，u_r 为第 r 种产出的加权值，v_i 为第 i 种投入的加权值，E_k 为第 k 个 DMU 的相对效率值，且 $u_r \geqslant \varepsilon > 0$，$v_i \geqslant \varepsilon > 0$，$\varepsilon$ 为非阿基米德数（Non－Archimedean Small Number），为一极小的正实数。由于上式为分数规划形式，不容易求解，可将其转换为线性规划问题，以便求解。即：

$$\max \quad E_k = \sum_{r=1}^{s} u_r y_{rk}$$

$$s.t. \sum_{k=1}^{n} v_i x_{ik} = 1 \tag{8.12}$$

$$\sum_{k=1}^{n} u_r y_{rk} - \sum_{k=1}^{n} v_i x_{ik} \leqslant 0$$

$$i = 1,\cdots,m; r = 1,\cdots,s; k = 1,\cdots,n; 且\ u_r \geqslant \varepsilon > 0, v_i \geqslant \varepsilon > 0,$$

因为限制式个数($m+s+n+1$)多于变量个数($m+n$),故可将其转化为对偶模式,以减少限制式的个数至($s+m$),并简化计算。模型的对偶规划为:

$$\min \quad \theta$$

$$s.t. \sum_{k=1}^{n} \lambda_k x_{ik} \leqslant \theta x_{i0} \tag{8.13}$$

$$\sum_{k=1}^{n} \lambda_k y_{ik} \geqslant y_{rk}$$

$$i = 1,\cdots,m; r = 1,\cdots,s; k = 1,\cdots,n; \lambda \geqslant 0$$

表示第 k 个 DMU 在所有受评估的 DMU 平面中所占的权重。上述模型的意义在于保持产出不变的前提下,将投入的各个分量按同一比例 $\theta(\theta \leqslant 1)$ 减少。如果 $\theta<1$,则表明可以用比被评价决策单元更少投入而生产相同的产出,这就说明被评价决策单元不是有效率的;如果 $\theta=1$,则表明被评价决策单元是有效的生产活动或经济系统。需要指出的是,CCR 模型可分为投入与产出两种导向。投入导向(Input-Based Efficiency)是指在现有的产出中,应使用多少的投入量才是最有效率的;而产出导向(Output-Based Efficiency)则指在既定的投入条件下,求产出的极大化。两者之值一般是互为倒数。

(2)BCC 模型

考虑到 DMU 可能处于规模报酬递增或是规模报酬递减的状态,因此 DMU 无效率除了来自于本身的投入一产出配置不合适之外,还可能缘于自身规模因素。Banker,Charnes 和 Cooper 在 1984 年修正了 CCR 模型,发展出 BCC 模型。BCC 模型将 CCR 模型假设固定规模报酬(CRS)对生产可能集的限制放宽为可变规模报酬(Variable Returns to Scale,VRS),比 CCR 模型增加了权重凸性条件约束 $\sum \lambda_k = 1, k = 1,2,\cdots,n$,这样可确保生产前沿达到凸性,可衡量纯粹技术效率。规模效率就是技术效率与纯技术效率的比值。

(3)NIRS 模型

通过分别运行 CRS、VRS 的 DEA 模型得到 θ_c 和 θ_v，用他们便可以推算规模效率的水平。当 $\theta_c = \theta_v$ 时，生产单元的规模效率为 1，即生产处于最佳规模；否则生产单元的规模效率有所损失。造成规模效率损失的原因有两种，分别是规模过大和规模过小造成。如上推算的 $\theta_s < 1$ 时，并不能区分这两种情况。即无法判定生产是处于规模报酬递增、还是规模报酬递减阶段，这样就降低了规模效率分析的作用。为此 Tim Coelli T. J(1996)提出了非增规模报酬 NIRS(Non－Increase Returns to Scale)模型，以判断规模报酬递增还是递减，从而使 DEA 进一步得到优化，即将 VRS 模型约束条件 $\sum\lambda_k = 1, k = 1,2,\cdots,n$ 改为 $\sum\lambda_k < 1, k = 1,2,\cdots,n$ 就变成 NIRS 模型。

当生产单元处于规模无效（$\theta_s < 1$）时，通过比较 θ_s 和 θ_n 就可判别生产所处的规模报酬阶段：

① $\theta_s = \theta_n$ 时，生产处于规模报酬递减阶段。

② $\theta_s \neq \theta_n$ 时，生产处于规模报酬递增阶段。

8.1.2　上市公司规模效率值的计算

本书主要实证分析上市公司中的制造业类企业的规模经济影响因素，但是由于制造业企业之间的生产存在较大的差异，不同类别之间的企业规模经济效率缺乏可比性，所以我们根据 CSRC 上市公司行业分类标准将企业归类到同类企业中进行比较计算，将制造业分为 C0：食品、饮料、烟草业；C1：纺织、服装、皮毛业；C2：木材、家具业；C3：造纸、印刷、文体用品业；C4：石油、化学、塑胶、塑料业；C5：生物、医药制品业；C6：金属、非金属矿物业；C7：机械、设备、仪表业；C8：交通运输设备业。并且我们在选取样本时，考虑到一些奇异情况，所以按照以下情况筛选：(1)2000－2006 年间，企业没有发生根本性变化，所属行业性质没有发生改变；(2)2000－2006 年间的各项财务数据齐全；(3)因为木材、家具业的上市公司数量较少，不具备本书所采用方法的要求，所以将其删除；(4)企业主业不清晰的，不将其纳入本研究范围。最终筛选得到 276 个上市公司。文章采用根据制造业企业的生产经营特点，选择营业收入为产出变量，当年平均总资产、营业成本、销售费用＋管理费用作为三个投入变量。使用 DEAP2.1 软件分行业计算出 2000－2006 年企业的规模效率值，如 8.1 表所示。

表 8.1　2000—2006 年不同行业的规模效率值比较

行业	统计指标	2000	2001	2002	2003	2004	2005	2006
C0	平均值	0.958	0.975	0.899	0.9	0.903	0.917	0.917
	中位数	0.995	0.997	0.96	0.986	0.973	0.972	0.975
C1	平均值	0.949	0.971	0.958	0.94	0.939	0.973	0.974
	中位数	0.989	0.988	0.986	0.953	0.983	0.996	0.997
C3	平均值	0.908	0.945	0.923	0.966	0.96	0.913	0.943
	中位数	0.929	0.983	0.972	0.989	0.997	0.993	0.995
C4	平均值	0.962	0.94	0.95	0.969	0.955	0.932	0.932
	中位数	0.977	0.965	0.978	0.986	0.98	0.972	0.968
C5	平均值	0.919	0.944	0.959	0.974	0.975	0.899	0.924
	中位数	0.959	0.97	0.988	0.997	0.993	0.943	0.964
C6	平均值	0.949	0.96	0.98	0.975	0.969	0.963	0.968
	中位数	0.987	0.99	0.992	0.989	0.988	0.976	0.984
C7	平均值	0.954	0.951	0.97	0.971	0.979	0.97	0.971
	中位数	0.982	0.98	0.986	0.987	0.995	0.991	0.989
C8	平均值	0.953	0.94	0.945	0.952	0.932	0.932	0.937
	中位数	0.991	0.964	0.973	0.98	0.958	0.972	0.98

(以上是根据 *CCER* 中的数据整理计算得到)

从表 8.1 可以看出，总体上来说，2000—2006 年，我国上市公司制造业各子类的平均规模效率都超过了 0.9，表明我国企业经营良好、具有较高的规模效率。另外，表中显示每一个子行业中的平均规模经济效益都明显小于该行业中的中位数。这一结果说明，与同行业企业相比，一些企业的规模经济效益低于同行业其他企业的程度较大。我们知道规模经济效益揭示的是生产规模和经济效果之间的关系，是资源在一个企业中的积聚效应的体现，而这些企业的规模经济效益相对其他同行业企业却是较大程度地偏小，说明这些企业在经营上存在一些问题，没有有效产生内部资源的积聚与内部组织的协调。同时也表明，本书分析影响规模经济效益的一些主要因素的研究具有一定实际意义，它将有利于企业根据外部环境的变化适时地调整企业内部组织，挖掘并提高规模经济效益，增强经营能力。

再次，计算各个行业的规模效率偏离均值程度的标准差，结果见 8.2 表。

表 8.2　2000—2006 年不同行业规模效率的标准差

标准差	2000	2001	2002	2003	2004	2005	2006
C0	0.12173	0.06698	0.16071	0.19287	0.17559	0.14305	0.13492
C1	0.09592	0.03445	0.12417	0.06003	0.12884	0.05784	0.09767
C3	0.07876	0.09481	0.12179	0.06063	0.07659	0.18491	0.15491
C4	0.05728	0.07448	0.0855	0.05062	0.06143	0.10812	0.10942
C5	0.10204	0.06562	0.06012	0.04072	0.03637	0.11543	0.09881
C6	0.10031	0.09244	0.04164	0.03672	0.05971	0.05228	0.05323
C7	0.07243	0.09803	0.08207	0.04192	0.04395	0.06838	0.06432
C8	0.08120	0.08574	0.11836	0.10154	0.09769	0.10390	0.13032

从表 8.2 可以看出，金属非金属矿物业(C6)和机械设备仪表业(C7)的规模效率一直保持着较小的标准差，说明我国在经济发展过程中，对资源的需求以及机械设备仪表的需求比较旺盛，所以导致这些行业中的企业集体向好，获得较高的规模经济效益；食品饮料烟草业(C0)和造纸印刷文体用品业(C3)的规模效率离散程度却相对较大，这些行业都是处于产业链的最终端，直接服务社会消费的行业，这时企业的经营能力直接影响经营效率，所以同一行业之间的差异较为显著。

8.2　影响因素的选择及其统计分析

国内外学者将规模经济归结为企业内部组织效率，企业内部组织效率越高也就规模经济越突出。由于企业内部组织是企业自身和环境之间不断演化发展的结果，是企业根据自身内部条件不断适应外部环境要素的变化，以自组织形式在企业这一经济体中形成有序的组织，表现出一定的组织效率和规模经济效率，所以决定企业内部组织演化发展的因素也是影响规模经济效益的因素。一般上，许多学者将之归结为“内部规模经济因素”和“外部规模经济因素”，如陈小洪在《“八五”计划以来中国企业规模结构的演变与展望》一文中提出规模经济水平提高的因素涉及市场扩张、竞争、产业进入障碍、体制和政策等多个方面。于良春、姚丽《中国民航业的规模经济效益及相关产业组织政策分析》中指出影响规模经济的因素主要分为内部影响因素和外部影响因素，具体地说，内部因素有制度因素、管理问题和企业历史问题，外部因素主要指市场因素。

我们在选择影响因素时，首先考虑的内部因素有资产收益率(ROA)、市盈率(PE)、股权集中度(CR5)、董事长与总经理的两职设置状况(LS)、董事会的规模(BSIZE)、前一期规模效率(SE(－1))、产品独特性(UNIQ)、企业的最终控制人类型(TYPE)；外部因素有行业平均资产收益率(AROA)地区行政垄断指数(MONO)。实证初步结果发现体现公司治理结构的指标 TYPE，CR5，LS 和 BSIZE 对规模效率都没有显著的影响，另外，市盈率(PE)也不通过检验，所以将这些变量全部删除，最终选择以下解释变量。

8.2.1 影响因素的选择

(1)前一期的规模效率(SE(－1))

前面综述性的文献回顾表明，企业规模经济效益归结为企业内部组织的效率，企业内部组织是企业内部的有机成分，包括企业的组织制度系统、管理系统、文化系统、技术系统等要素。它们本来没有固定的模式，但是经过市场竞争的“自然选择”，与外部环境因素相匹配的内部组织得以生存发挥，并且生存下来的组织形式被保存、复制，企业自身和环境之间不断演化发展形成的内部组织是企业可以继承发展的一种惯例。正如纳尔逊和温特(1982)所说：“惯例是有机体的持久不变的特点，并决定它可能有的行为。”惯例的这种遗传性在规模经济上的表现就是，使得企业的规模经济效益在历史的变化过程中具有一定的路径依赖性，前期的规模经济效益影响和部分决定着后期的规模经济效益，从而使得企业规模经济效益在前后期之间具有一定的延续性。我们采用前一期的规模效率(SE(－1))体现规模经济效益的综合和延续。

(2)产品独特性(UNIQ)

根据美国著名管理专家迈克尔波特的论述和分析，企业经营中存在着两种基本类型的竞争优势，即成本领先和特色。这里的特色就是指产品的独特性，它既是企业的生产技术水平的体现，也是社会对产品的接受程度的反映。企业生产具有特色性产品，可以在价值一定的情况下出售更多的产品，从而获得溢价的报偿，提高经济效益，产生较好的规模经济效益。本书采用肖作平(2004)的做法度量产品独特性，即 UNIQ＝销售费用/营业收入。因为该指标的分子是费用，分母是收入，所以该指标越大，产品的独特性越弱，而该指标越小，产品的竞争力越强，独特性也越强。

(3)行业平均资产收益率(AROA)

分析规模经济，我们不能脱离市场需求这一因素。当企业处于比较好的行业环境中，市场需求比较旺盛时，企业更能在良好盈利状况中解决许多困难，而这些问题在企业盈利状况不好时是难以解决的。同时，在盈利状况比较好时，企业内部人与人之间的分工合作关系也更加融洽，因此在企业盈利较好时更能发挥出企业的内部组织效率，将获得较好的规模经济效益。钱德勒、戴维斯和诺斯也都认为企业的最有效规模和在行业中的企业数都是由技术和相应的市场规模决定。市场需求却又是一个行业的特征，所以企业规模经济效益也是一个行业特征的体现。本书采用行业平均资产收益率来反映该特征，因为它能较好反映宏观环境与行业的景气度，该指标值越大，行业景气度越高，行业内企业盈利状况越好；相反，行业内的企业经营比较困难。

(4)地区行政垄断度(MONO)

企业机制是规模经济的基础，没有较好的机制，便没有足够的积极性和活力去发挥规模经济性，挖掘企业规模带来的潜力，大企业在市场竞争中便不能显示出优势，也无法提高市场占有率。林毅夫[①](1994) 认为由于制度安排“嵌在”制度结构中，所以它的效率还取决于其他制度安排实现它们功能的完善程度。健全的企业管理制度和灵活的市场运作能力，能产生较好的规模经济效益。于良春(2006)等人发现“地区行政垄断”能比较概括地体现政府政策制度对企业组织效率的影响，因为一方面地方政府利用行政垄断手段干预到本地区企业的生产经营，为地方企业搭建保护伞，促使地方企业追求“模糊产权租金”；另一方面地区行政垄断导致企业攫取“模糊产权租金”的机会成本上升，以至于将导致规模不经济[②]。本书在下面实证部分将采用于良春等人的“地区行政垄断”指标来度量政策制度这一外部因素，并且直接利用文章《中国地区性行政垄断程度的测度研究》(于良春，2009)的 2000－2006 年地区性行政垄断指数数据。

根据以上的分析，我们对我国上市公司中制造业规模经济效益的影响因素模型设定为以下形式：

---

① 林毅夫：关于制度变迁的经济学理论：诱致性变迁与强制性变迁[J]. 载：财产权利与制度变迁—产权学派与新制度学派论文集. 上海三联书店，1994.

② 付强. 中国市场经济初期地区行政垄断与规模经济关系分析——基于钢铁、汽车行业的省际规模效率的动态测算[J]. 数量经济学年会论文集，2008.

$$SE_{it} = \alpha_0 + \alpha_1 SE(-1)_{it} + \alpha_2 MONO_{it} + \alpha_3 UNIQ_{it} + \alpha_4 AROA_{it} + \mu_{it}$$

$$i = 1,2,\cdots,276, t = 2000,2001,\cdots,2006 \qquad (8.14)$$

8.2.2 变量的描述性统计

表 8.3 列出了 2000—2006 年各年份解释变量和被解释变量的平均数和中位数等情况。

表 8.3 各变量的描述性统计

	SE	MONO	UNIQ	AROA
平均值	0.955637	0.511539	0.066419	0.014654
中位数	0.982000	0.510971	0.043289	0.016099
最大值	1.000000	1.174591	2.120825	0.048581
最小值	0.338000	0.362854	0.000647	−0.083539
标准差	0.072172	0.075640	0.084941	0.016691
偏度	−3.650636	2.734279	9.282633	−1.030355
峰度	21.17840	23.99985	190.5237	7.185392

表 8.3 可以看出各变量值大小的大致情况，它们在各年份的变化趋势如下：

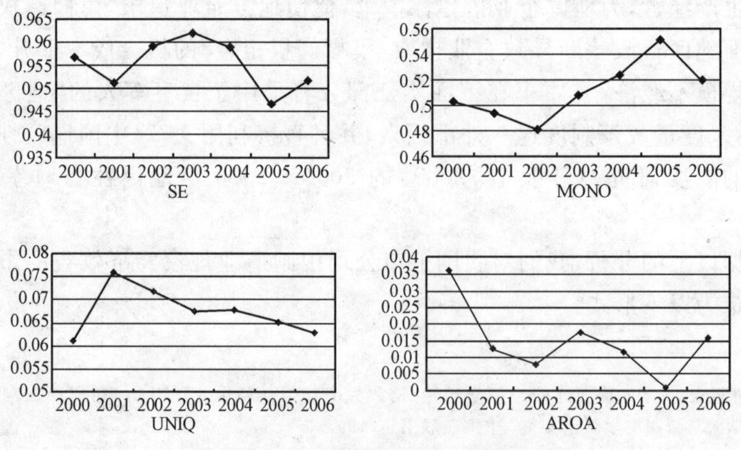

图 8.3 各变量平均值变化趋势图

从图 8.3 中初步看到，企业的规模效率值(SE)有不断下降的趋势，这个结果同陈小洪[①]的分析结果比较一致，他指出随着经济不断高速增长，规模以上企业不断增加，但是由于行业内的竞争不断加剧，规模经济效益呈现下降趋势。从影响因素看，企业的规模效率值的变化与行业平均资产收益率(AROA)的变化方向比较相近，但和地区行政垄断度(MONO)的变化有些反向，而和企业产品独特性(UNIQ)的方向不是很明显。

8.3　模型的实证结果与分析结论

由于“地区行政垄断”指标是一个较为综合性的指标，对它的度量较为困难，本书直接利用于良春(2009)的《中国地区性行政垄断程度的测度研究》文章结果，但是该文仅仅给出 2000－2006 年间的地区性行政垄断指数数据，因此本书也仅仅利用面板分析方法实证检验 2000－2006 年间影响我国上市公司规模经济效益主要因素。不过，从另一角度看，回顾我国经济的发展历程，2000－2006 年间是我国经济建设过程中重要的发展阶段，在这一阶段我国通过深化改革，逐步完善了社会主义市场经济建设，并且全面融入到全球化经济发展进程中，所以本书的实证结果在一定程度上能够体现一个比较完善的市场经济下规模经济效益的主要影响因素。因此，我们选择样本的时间区间为 2000－2006 年，并且样本的选取同前面的计算制造业上市公司规模效益值的选择一致。

8.3.1　模型的设定检验

本书的数据是同时在时间和截面上取得的三维面板数据，所以适合采用面板数据分析方法实证分析模型(8.14)。但是，用面板数据建立的模型通常有 3 种，即混合模型、固定效应模型和随机效应模型。不同的模型所用的估计方法也不一样，至于选择哪一种模型则要进行模型设定检验。

首先，确定应该建立混合模型还是个体固定效应模型，使用方法是 F 检验。F 检验的原假设为真实模型是混合模型，被择假设为真实模型为固定效应模型。检验结果如表 8.4 所示。

① 陈小洪.“八五”计划以来中国企业规模结构的演变与展望[J].中国工业经济，1998(3)

表 8.4　F 检验结果

固定效应检验	统计量	自由度	概率
截面 F 检验	2.664621	(271,1356)	0.0000
截面 χ^2 检验	696.734645	271	0.0000

因为概率小于 0.05,推翻原假设,所以结论是:混合模型和固定效应模型相比,应该建立固定效应模型比较合适。

然后再确定是采用个体固定效应还是随机效应,这个需要采用 Hausman 检验。Hausman 检验是对同一参数的两个估计量差异的显著性检验,其原假设是随机效应模型的系数与固定效应模型的系数没有差别,如果接受原假设,表明应选择随机效应模型,否则就应该选择固定效应模型。检验结果见表 8.5。

表 8.5　Hausman 检验结果

随机效应检验	χ^2 统计量	χ^2 自由度	概率
截面随机效应检验	600.156588	4	0.0000

比较个体固定效应模型和个体随机效应模型,因为相应 p 值小于 0.05,结论是应该建立个体固定效应模型。

综上所述,模型(8.14)的实证模型应该建立为个体固定效应模型。

8.3.2　回归结果分析

最后,根据前面计算得到的数据以及样本数据,利用 Eview6.0 计算得到截面加权个体固定模型的回归结果如表 8.6 所示。

表 8.6　影响规模效率的因素回归结果

	系数	标准差	t 值	p 值
C	0.765595	0.021392	35.78810	0.0000
SE(−1)	0.205317	0.022481	9.132961	0.0000
MONO	−0.010573	0.005861	−1.803964	0.0715
UINQ	−0.035364	0.015569	−2.271404	0.0233
AROA	0.123778	0.027465	4.506844	0.0000
	R^2	0.783930	$D-W$ 值	2.00467
	F 值	12.93015	F 值概率	0.00000

上述结果表明，各变量之间不存在自相关问题，以上模型拟合程度较好，各系数通过 10% 的显著性检验，并且从模型中反映出以下几点结论：

(1)较大的正常数值主要体现尚未放入模型的一些变量因素的影响。我们在模型中尚未加入宏观经济环境因素，大家都清楚，2000－2006 年间我国经济一直处于高速增长状态，GDP 的增长率都在 8% 以上，长期高速增长的国民收入水平使消费品市场和投资品市场都有较大增长，市场的较快增长又给企业提供了快速发展的机会，有利于企业进行较大的投资，宏观环境为企业的经营发展创造良好的外部环境。从模型结果看，这种高速增长的宏观经济和良好的外部环境对企业的资源积聚极其有利，容易产生规模经济效益。由此也表明，企业的生产发展不是一个纯粹的个体行为，而是与社会共同发展的结果，所以企业在谋求经营效益的同时，一定要维护社会经济环境的发展，不要为了眼前的一点利益，只为自身的利益而损害社会经济环境，只有全社会的高速、共同发展，每个企业都从良好的宏观经济中获得规模经济效益。

(2)SE(－1)变量的系数值是 0.205，标准差是 0.0225，说明前一期的规模经济效益对当期规模效率具有较大、较稳定的影响。这就验证了影响企业规模经济效益的内部组织因素相对比较稳定，它是企业可以继承发展的一种惯例，企业的规模经济具有一定的路径依赖性，并且它决定了企业资源配置的效率以及资源创造的速度和质量，是决定企业规模经济效益的主要因素。所以对每个企业来说，应该针对外部环境的变化，适时调整自身的内部结构，既获得当前的经营效益，也为企业的发展打好基础。

(3)MONO 的系数是－0.01057，并且 t 值为－1.803964，说明“地区行政垄断”对规模效率产生较弱的负作用，并且这种影响并不显著。这个结果表明，一方面地区行政垄断有利于“模糊产权租金”的形成，在形式上有利于有实力、有能力的企业的发展，产生一定的规模经济效益；另一方面地区行政垄断促使地方企业追求“模糊产权租金”的攫取而竞争，而攫取“模糊产权租金”的机会成本上升将导致规模不经济。总体而言，地区行政垄断的作用存在较弱的负效应，在不断完善的我国社会主义市场经济环境下，地方政府应该放手让企业在市场经济中发展壮大，而不必要干预本地区企业的生产经营，或者搭建形式上的保护伞。

(4)产品独特性 UNIQ 的系数是－0.035364，并且通过显著性检验。因为我们的计算公式是 UNIQ＝销售费用/营业收入，所以 UNIQ 指标越大，产品的独特性越弱，而 UNIQ 指标越小，产品的竞争力越强，独特性也越强。实证结果说明产品独特性越强，企业被社会公众所能接受的技术水平越高，产品在市场上销售越好，那么企业的规模经济效益越明显。因此，企业应该加强产品开发，使得产品更具有竞争力。具有一定竞争力、独特性的产品更容易产生规模经济效益。

(5)行业平均资产收益率 AROA 的系数 0.123778，表明行业景气度越高，行业内企业盈利状况越好，越能形成规模经济效应。以上这些结果充分证实企业在盈利状况比较好时，企业内部人与人之间的分工合作关系也更加融洽，因此在企业盈利较好时更能发挥出企业的内部组织效率，将获得较好的规模经济效益。

第 9 章　基于演化原理的我国上市公司资本结构实证分析

在许多经济分析中，一些经济学家倾向于回避资本成本的本质，他们往往将资本成本等同于债券利率，并由此得出：一个行为理性的公司在资产边际收益大于市场利率时，应该增加投资；当资产边际收益率小于市场利率时，公司应该减少投资。我们姑且不讨论利率对投资的影响是不是有那么重要和直接，但是在微观层面上，这个框架忽视了"资本成本"因素，因为企业除了可以通过发行债券或向银行借贷融资外，还可以利用发行股票，或债转股等金融创新手段融资。很明显，不仅不同融资方式的资本使用成本不同，并且不同融资方式下的资本偿还压力不同，所以融资方式或者说资本结构是企业比较重要的经营选择。

广义的资本结构是指企业全部资金的来源构成及其比例关系，不仅包括主权资本、长期债务资金，还包括短期债务资金。狭义的资本结构仅指主权资本及长期债务资金的来源构成及其比例关系。一般上，许多文献讨论的都是狭义资本结构。自从 Modigliani 和 Miller 在 1958 年发表了他们那篇富有开创性的论文后，现代资本结构理论在金融经济学界展开了广泛的深入研究。因为 MM 定理基于以下假设前提：(1)没有税收；(2)不存在破产成本；(3)公司的投资决策不受其资本结构变化的影响；(4)公司内部人与外部投资者之间不存在信息不对称；(5)资本市场没有交易成本和交易限制；(6)投资者可以按照公司同样的条件进行借贷。所以，通过对这些假设前提的改变，学术界已发展成多种资本结构理论，如以代理成本为基础的理论；以非对称信息为基础的理论(顺序偏好理论 The Pecking Order Hypothesis)；以产品/投入品市场的相互作用为基础的理论；以及考虑公司控制权竞争的资本结构理论等等。

从演化经济学的角度看，企业资本结构同企业战略选择一样，都是企业经营决策与外部环境之间共同演化的结果，充分体现一个企业的经营能动性：一方面，企业的资本结构受自身经营条件和周围因素决定，是企业适应环境的结果，如 Harris 和 Raviv 总结指出的，影响企业资本结构的因素有：公司的盈利性、资产可抵押性、税率、投资机会、公司规模、盈利性和产品的独特性等；另一方面，合适的资本结构对企业经营发展的作用相当重要，不仅能有效地降低企业的融资成本，而且随着资本的转移，资本供需双方享有的利益和承担的风险会发生变动，合理的资本结构可以化解企业的资本偿还压力，保持企业财务的稳定性和经营的持续性。只有合理的资本结构才能有效促进企业的价值最大化和较好发展，所以资本结构充分体现一个企业的经营能力。本章将从以上两方面分别论证资本结构是企业与经营环境之间能动性作用的演化结果。

9.1 资本结构决定因素分析

9.1.1 企业融资行为的理论分析

资本结构影响因素的研究已有很多文献，特别已被 Harris 和 Raviv 总结。这部分主要结合企业的资本选择决策和市场约束两方面建立它的影响机制，现考虑一个资产为 K 的企业，准备对外融资 I，占总股本的比例为 α（注意，因为发行股票的价格是受市场影响的，所以 α 并不一定等于 $\frac{I}{I+K}$），设资产的预期收益率为 y。

9.1.1.1 企业融资约束条件分析

对社会公众投资者来说，投资于该股票的收益主要有企业创造的利润和证券价格变化所带来的收益。因为投资于该公司的债券收益比较复杂，应该考虑相应的信用风险，所以这里不考虑投资者购买公司债券的获利因素。假设投资者购买该公司股票时在市场中的平均期望收益为 M，那么社会公众投资者的融资约束条件为：

$$\alpha(I+K)y+M\geqslant rI$$

其中 r 是无风险利率。将上式重新整理，即得：

$$\frac{r}{\alpha}-y\leqslant\frac{rK+M}{\alpha(I+K)} \tag{9.1}$$

对企业来说，主要是股权融资与债务融资之间的比较。在不考虑企业的所有权和经营权的变化问题时，企业的融资约束条件为：

$$(1-\alpha)(I+K)y \geqslant (I+K)y - RI$$

其中 R 是企业债的利率，整理上式，即得：

$$\frac{r}{\alpha} - y \geqslant \frac{rK-(R-r)I}{\alpha(I+K)} \tag{9.2}$$

9.1.1.2　企业资本需求分析

设公司的产出 Y_t 是存量资产 K_t 的函数，即 $Y_t = F(K_t)$ ，并满足 $F'(\cdot) > 0$ 与 $F'(\cdot) < 0$ 。记 δ 为资产折旧率，那么存量资本与流量资本之间的关系为：

$$\dot{K}_t = I_t - \delta K_t$$

$C(I_t)$ 表示增加 I_t 时的调节成本，并满足 $C'(\cdot) > 0$ 与 $C'(\cdot) > 0$ ①，这样企业的经营决策成为如下的最优控制问题：

$$J = \max_{I_t} \int_0^{\infty} [pF(K_t) - C(I_t)] \mathrm{e}^{-rt} \mathrm{d}t$$
$$\dot{K}_t = I_t - \delta K_t$$
$$K(0) = K_0$$

该问题的 Hamilton 函数为：

$$H = pF(K) - C(I) + \lambda(I - \delta K)$$

在前面的函数假设条件下，上述的最优控制问题转化为求解如下方程组问题：

$$\begin{cases} H'_I = -C'(I_t) + \lambda_t = 0 \\ \dot{\lambda} = -H'_K = -pF'(K) + \lambda\delta \\ \dot{K}_t = I_t - \delta K_t \\ K(0) = K_0, \lim\limits_{t\to\infty} \lambda_t = 0 \end{cases}$$

设 $G = [C'(\cdot)]^{-1}$ ，因为 $C'(\cdot) > 0$ ，所以 G 是递增函数，并且解得：

$$I_t = G(\mathrm{e}^{\delta t} \int_t^{\infty} pF'(K_t) \mathrm{e}^{-\delta s} \mathrm{d}s) = G(\mathrm{e}^{\delta t} \int_t^{\infty} py \mathrm{e}^{-\delta s} \mathrm{d}s) \tag{9.3}$$

所以投资流量是资本收益率 $y = F'(K_t)$ 的递增函数。

① 参见、高山晟. 经济学中的分析方法[M]，中国人民大学出版社，2001.

9.1.2 企业资本结构的影响因素分析

令 $y'=y-\frac{r}{\alpha}, I'=I+K$，则公式(9.1)可以改写为 $y'I'\geqslant-\frac{rK+M}{\alpha}$；公式(9.2)可以改写为 $y'I'\leqslant\frac{(R-r)I-rK}{\alpha}$。如图 9.1 所示，横坐标是企业预期收益率 y，纵坐标为企业的融资需求 I，这时 M 与 R 的大小决定了股权融资的市场约束与企业融资约束构成的区域范围。

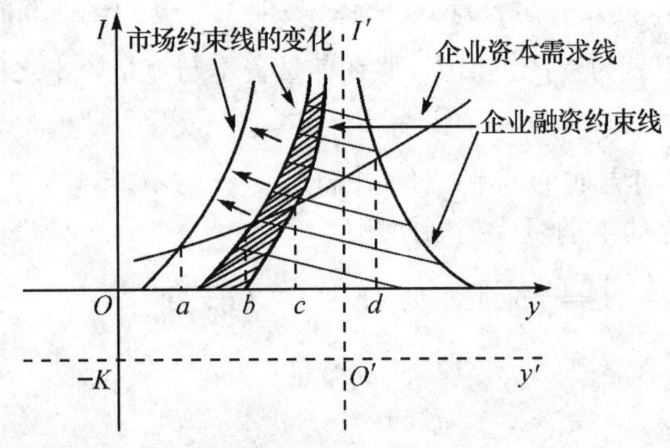

图 9.1 企业融资选择图

当社会公众投资者对买卖股票的期望收益 M 为正时，市场约束位于 $y'O'I'$ 的第二象限，并且随 M 的增大往右平移。当企业发行债券的利息率 R 较高，这时企业融资约束市场约束位于 $y'O'I'$ 的第一象限，社会公众的投资约束和企业的融资约束构成一个比较宽的可行区域(图中单阴影部分)。如果企业发行债券的利息率 R 不高，以至于 $(R-r)I-rK<0$。但是由于 $(R-r)I>0$，所以这是市场约束与企业融资约束构成一个较窄区域范围(图中双阴影部分)。特别地，当社会公众对投资股票的期望收益 M 为负时，并且企业的利息率低于市场无风险利率时，股权融资的市场约束与企业融资约束构成的区域为空区域，企业没法在证券市场上融资。

另一方面，由公式(9.3)表明，企业的资本需求 I 是预期收益率 y 的递增函数。这样公式(9.3)与股权融资市场参与约束条件(9.1)和企业融资约束(9.2)构成企业股权融资的范围。当 $b<y<c$ 时，企业采取股权融资；当 $c<y<d$ 时，这时企业可以以较高的企业债利率 R 融资，即企业采取债务融资；当 $y<b$，企业没法融资。当 $y>d$ 时，企业不向市场融资，而进行自我融资。

以上分析表明，在不考虑因为股权的变化发生控制权的转移问题时，影响股权融资的最主要因素是证券市场的择时性和企业的预期盈利能力。

当证券市场比较热络、社会公众对投资股票的期望收益 M 比较高时，市场参与的约束线向左移，企业的股权融资可行域扩大，融资范围扩大为$[a,c]$。也就是说，当证券市场比较热络的时候，许多预期收益率并不高的企业参与股权融资，而这些企业在证券市场不热络的时候是没法进行股权融资的。这就从一个方面证明了市场的择时性。另一方面，由公式(9.1)直接得到，社会公众股占的比例 α 为：

$$\alpha \geqslant \frac{rI - M}{y(I+K)}$$

当市场比较热络、社会公众对投资股票的期望收益 M 较高时，α 值可以更小些，也就是企业股权融资的成本更低些，这样将吸引更多的企业采取股权融资的方式。随着我国改革开放的不断深入，社会公众对我国经济的发展有很好的期望，产生了投资证券市场的较高期望收益。因此我国证券市场是一个新兴的市场，我国企业存在股权融资的偏好。

从图 9.1 中看到，企业的预期盈利能力对企业资本结构不是简单的正相关，或负相关。当企业盈利很高时，企业偏向债务融资；但是盈利能力很低时，企业既没法股权融资，也没法债务融资，这个结论类似于“啄食顺序理论”的结果。

当然，影响债券融资的还有企业的偿还能力。结合前面讨论的两方面因素，并参考国内外的一些研究如：Fama 和 French(2002)，Flannery 和 Rangan(2006)，Byoun(2008)，肖作平(2004)，李国重(2006)等，本书选取以下变量作为公司 i 在 t 时刻的目标资本结构的决定因素 X_{it}：

(1)盈利性

从前面的分析中看到，盈利能力很强的企业不采取股权融资。另一方面，如果企业有较好的盈利能力，那么企业增加对负债的需求，会产生较高的杠杆效应，提高原有股东的收益。Long 和 Maltiz(1985) 发现财务杠杆与盈利性正相关，Wald (1999)甚至认为：“盈利性是对债务/ 资产比率影响最大的因素。”不过，迄今为止各种资本结构理论研究在盈利性和财务杠杆之间的关系上尚存在争议。Friend 和 Lang (1988)、Titman 和 Wessels (1988)对美国公司的研究，Booth 等人(2001)对发展中国家的研究证实财务杠杆与盈利性的负相关。尽管如此，大家都非常重视盈利能力对资本结构的影响。这里采用 $Ebit$ =净利润/总资产，来表示公司的盈利能力。

(2)可抵押性

理论研究通常认为可抵押性与财务杠杆正相关。Myers 和 Majluf (1984)在分析了经理和外部投资者之间信息不对称问题后建议,公司可通过发行有抵押担保的债务来降低信息不对称的成本。Jensen 和 Meckling (1976)提出的代理成本理论认为可抵押资产可用于降低债权人承担债务代理成本的风险而提出相似的预测。Harris 和 Raviv (1990)认为杠杆比率会随着清算价值的增加而提高。在实证研究方面,包括 Marsh (1982)、Long 和 Malitz (1985)、Friend 和 Lang (1988)、Rajan 和 Zingales (1995),以及 Wald (1999)等人的研究都已证实了上述的理论预测。本书选择 FA =(固定资产+存货)/总资产,来表示公司资产的可抵押性。

(3) 税率

由于债务所带来的利润可以在税前支付,因此,债务具有税盾作用,当边际税率越高时,债务的税盾作用越明显,预期该变量对资本结构的影响为正。不过,大多数研究没能发现所得税率对融资决策的影响。为什么呢? MacKie－Mason (1990) 认为,这是因为债务/权益比率是多年独立决策的累积结果,而债务对大多数公司的有效边际税率的影响是很小的,可以忽略不计。与其他学者不同的是,MacKie－Mason 运用离散选择分析法研究了上市公司增加融资的决定,特别是税收(税收损失结转(Tax Loss Carry－Forwards) 和投资税收优惠)对于已上市公司的债务/权益融资选择有否影响。他发现边际债务融资偏好与有效边际税率正相关,这与 MM 理论一致。这里采用 Tax =边际税率来表示税收因素。

(4) 公司规模

理论研究对于财务杠杆和公司规模之间的关系也没有达成一致的预测。一方面 Marsh (1982)发现大公司更多选用长期债务而小公司更多选择短期债务。大公司也许能够利用长期举债中的规模经济,甚至有同债权人讨价还价的实力,所以债务发行成本与公司规模负相关。然而,公司规模也可以是外部投资者所能获得信息的一个度量。Fama 和 Jensen (1983)认为,大公司提供给债权人的信息往往比小公司多。Rajan 和 Zingales (1995)也论证了大公司提供给外部投资者的信息往往比小公司多。所以不对称信息问题少一些的大公司,其权益应当比债务多,而财务杠杆应低些,因此财务杠杆与公司规模应成负相关关系。另一方面,大公司的业务常常更多元化并有更稳定的现金流;同等情况下,大公司破产的可能性比小公司要低。因此企业规模应与财务杠杆应正相关。其他许多理论研究也都表明财务杠杆应随着公司价值而递增。它们包括 Harris 和 Raviv (1990)、Stulz(1990)等人基于代理成本的研究；如 Ross (1977)基于不对称信息的研究，以及如 Harris 和 Raviv(1988) 与 Stulz(1988)等人基于公司控制考虑的研究。

实证研究方面，如 Marsh (1982)、Rajan 和 Zingales (1995)、Wald (1999)，以及 Booth 等人(2001)，通常发现财务杠杆与公司规模正相关。但是 Rajan 和 Zingales (1995)，以及 Wald (1999)都发现德国的大公司往往债务较少，即财务杠杆与公司规模呈负相关关系。这里采用 $Size$ = 总资产的对数值来衡量企业规模。

(5)财务状况

企业经常会面临财务盈余或者财务损失，由于财务赤字会给企业带来财务风险，因此预期企业会通过降低负债率来减少风险，使得财务赤字与负债率负相关。本书采用 Flannery 和 Rangan(2006)对财务赤字 FD 的定义：

$$FD_{it} = Divd_{it} + I_{it} + \Delta W_{it} - CF_{it}$$

其中，$Divd_{it}$为企业 i 第 t 年的现金分红，I_{it}为投资活动产生的现金流量净额，ΔW_{it}为净运营资金的变化，CF_{it}为经营活动产生的现金流量净额。当 FD_{it}大于零时，说明企业有财务赤字，而当 FD_{it}小于零时，说明企业有财务盈余。最后将 FD_{it}用总资产进行标准化得到的量记为 FDA_{it}。

(6)行业因素

行业特征反映该行业企业的盈利共性，一般处于行业整体盈利较好的行业，自然有利于企业的各方面的经营战略实施，所以行业特征是一个比较重要的指标。为了体现控制行业因素对资本结构的影响，Frank 和 Goyal(2004)采用当年行业负债率的中位数，并用 $MedBDR$ 和 $MedMDR$ 表示。

(7)产品竞争力

很多文献都比较关注企业产品的竞争力，如下度量该指标，DTX = 销售费用/主营收入。由于该指标的分子是费用，分母是收入，所以该指标越大，产品的竞争力越弱；而该指标越小，产品的竞争力越强，独特性也越强。

(8)择时性

1996 年 Stein 在其论文《非理性世界的理性资本安排》中首次提出市场择时假说(Market Timing Hypothesis)，2001 年 Graham 和 Harvey 通过对公司 CFO 的问卷调查发现，择时行为在企业之中很常见，2002 年 Baker 和 Wurgler 在其开创性论文《市场择时与资本结构》中首次明确提出市场择时理论(Market Timing Theory)。市场择时理论是指，在非理性的股票市场，当公司股价被过

分高估时，理性的管理者可能发行更多的股票以利用投资者的过度投机热情，相应的公司融资杠杆较低；反之当股票价格被过分低估时，管理者可能回购股票，相应的公司的融资杠杆却比较高。国外学者对股票市场择时模式的存在性基本肯定。Huang 和 Ritter(2004)利用 1963－2001 年的美国上市公司，发现市场股票风险溢价变量与财务赤字具有较强的正相关，即股票成本越高，则公司在外部融资时更倾向于债务，而股票成本低时，公司则更倾向于发行股票融资。Che 和 Zhao(2004)根据 1971－2001 年的美国上市公司，分别对同时发行股票和债务、纯发行股票、发行股票的同时较少债务的公司，实证得出这几类公司一致地随着公司市场价值的上升而单调递增，股票发行确实存在着择时模式。Hovakimian(2004)利用 1983－2002 年的美国上市公司，第一次检验了债务的择时性。Tijs De Bie 和 Leo De Haan 利用 1983－1997 年间荷兰上市公司，检验了融资优序、市场择时和目标行为是影响短期资本结构的选择因素，市场择时的长期效应并不十分强烈。国内学者的研究并不多，主要有：才静涵和刘红忠用资产市净率的历史平均作为市场择时行为的代理变量，实证结果显示，资产市净率的变化与公司财务杠杆负相关，这意味着财务杠杆较低的公司很可能是那些在其股票价格较高时增发权益资本的企业。他们还发现历史资产市净率对财务杠杆的解释能力远远超过包括当前资产市净率在内的其他解释变量，这一效应不但明显，而且长期持续。本书选取市值账面比公司的择时性指标，MB =(账面负债＋非流通股股数×每股净资产＋流通股市值)/账面总资产。

综上所述，得到目标资本结构的模型(以 BDR 为例)：

$$BDR_{it}^{*} = \alpha_i + \beta_{1i}Ebit_i + \beta_{2i}FA_i + \beta_{3i}FDA_i + \beta_{4i}Tax_i + \beta_{5i}MedD_i + \beta_{6i}Size_i + \beta_{7i}DTX_i + \beta_{8i}MB_i + \varepsilon_{it} \tag{9.4}$$

9.1.3 企业资本结构的动态适应性调整分析

根据企业演化原理，企业将根据经济环境的变化，能动地调整自身资本结构以适应经济环境的发展。Fisher、Heinkel 和 ZeChner(1989)，Goldstein、Ju 和 Leland(2001)，Soku Byoun(2008)，肖作平(2004)，连玉君(2005)，孔爱国、薛光煜(2005)、李国重(2006)，屈耀辉(2006)和黄辉(2007)等采用的调整模型(以 BDR 为例)为：

$$BDR_{it} - BDR_{it-1} = \delta(BDR_{it}^{*} - BDR_{it-1}) \tag{9.5}$$

式中，δ 是资本结构的调整系数，它刻画公司从 $t-1$ 时刻到 t 时刻调整其资本结构到目标资本结构的程度。$\delta=1$ 表示公司完全将其资本结构调整到目标资本结构；$\delta<1$ 表示公司只部分调整其资本结构到 BDR_{it} 而不是目标资本结构 BDR_{it}^{*}；$\delta>1$ 则公司对其资本结构进行了过度的调整，仍然没有达到目标资本结构。

将(9.4)代入到(9.5)中，得到资本结构动态解释模型(以 BDR 为例)：

$$BDR_{it}=\delta\alpha_i+\delta\beta_{1i}Ebit_i+\delta\beta_{2i}FA_i+\delta\beta_{3i}FDA_i+\delta\beta_{4i}Tax_i+\delta\beta_{5i}MedD_i +\delta\beta_{6i}Size_i+\delta\beta_{7i}DTX_i+\delta\beta_{8i}MB_i+(1-\delta)BDR_{it-1}+\varepsilon_{it} \tag{9.6}$$

9.2 资本结构影响因素及其动态调整的实证检验

9.2.1 样本与数据

本书数据采用 1998 至 2006 期间沪深两市的非金融业上市公司的财务面板数据，数据来自色诺芬(CCER)一般上市公司财务数据库，样本选择遵循以下原则：(1)采用非金融业上市公司的数据，原因在于金融行业，尤其是银行业，是一个高负债经营的行业，具有特殊的资本结构，以往的文献大多也未将银行业包括在内。本书注重研究我国上市公司的总体情况，因此未将该行业引入样本。(2)由于需要用到公司现金流量数据，但是我国上市公司从 1998 年才开始提供现金流量表，所以样本期只能选择从 1998 年开始。(3)根据一般资本结构研究的情况，由于 ST 公司的财务状况会出现异常，资产负债表存在较大问题，所以将 ST 公司亦予以排除。最终得到 481 家样本公司，每家公司有 9 年完整的数据，共 4329 个观测值。

对于资本结构的衡量，一般有两种形式，一种是账面值资本结构，还有一种是市值资本结构。当公司面临破产时，债权人的债务是按照负债的账面价值而不是市场价值来衡量的，因为此时公司的价值更接近其账面价值，但是账面资本结构不能反映市场波动对资本结构的影响。本书在广泛参考了国内外的文献后，沿用 Flannery 和 Rangan(2006)的做法，将账面至资本结构定义为：

BDR_{it} =账面负债/(账面负债+账面权益),一般认为,因为股票市场的波动性和不确定性,企业的财务人员更注重的是账面值。同时,为了综合考虑市场因素的影响,国外的研究趋向于采用市值资本结构,鉴于我国特殊的股权结构,定义市值资本结构为:MDR_{it} =账面负债/(账面负债+非流通股股数×每股净资产+流通股市值)。为了增加结果的可靠性,本书对两种形式计算的资本结构都进行了实证研究。

表 9.1 企业资本结构影响因素变量的描述性统计结果

变量	预期符号	样本数	均值	中位数	标准差	最大值	最小值
BDR	4329	0.4477	0.4550	0.1698	0.9372	0.0000	
MDR		4329	0.3574	0.3429	0.1805	0.9496	0.0056
EBIT	?	4329	0.1051	0.0655	0.0775	0.4663	−0.3397
MB	−	4329	1.4093	1.2739	0.5158	8.3325	0.6838
FA	+	4329	0.06186	0.06108	0.2308	2.1539	0.0136
DEP	−	4329	0.0167	0.1207	0.1174	1.3700	0.0002
MedBDR	+	4329	0.4525	0.4570	0.0784	0.06751	0.1638
MedMDR	+	4329	0.3489	0.3389	0.1088	0.6479	0.0937
TAX	+	4329	0.0663	0.1268	0.0634	0.2308	−0.1657
SIZE	+	4329	5.1279	5.0576	0.9044	9.0644	2.6523
CF	−	4329	0.0550	0.0531	0.0841	1.3534	−0.5000

注:数据来自 CCER 非金融上市公司财务数据库。BDR 为账面值资本结构=账面负债/(账面负债+账面权益),MDR 为以市值资本结构=账面负债/(账面负债+非流通股股数×每股净资产+流通股市值),EBIT 为盈利能力=净利润/总资产,MB 为市值账面比=(账面负债+非流通股股数×每股净资产+流通股市值)/账面总资产,FA 为可抵押性=(固定资产+存货)/总资产,DEP 为非债务税盾=累计折旧/总资产,MedBDR 和 MedMDR 为以账面资本结构和市值资本结构计算的当年行业负债率的中位数。行业分类本文参考 CSRC 行业分类,将样本中的上市公司分为以下行业:农林牧渔业(*A*),采掘业(*B*),制造业(*C*),电力、煤气及水的生产和供应商(*D*),建筑业(*E*),交通运输、仓储业(*F*),信息技术业(*G*),批发和零售贸易业(*H*),房地产业(*J*),社会服务业(*K*),传播与文化产业(*L*),综合类(*M*)。TAX 为边际税率=(所得税−所得税返还)/(净利润+所得税−所得税返还),SIZE 为公司规模=*ln*(总资产),CF 为现金流=经营活动产生的现金流量净额/总资产。

9.2.2　我国公司融资行为的实证结果

表 9.2　资本结构动态调整模型回归结果

	(1)	(2)	(3)	(4)	(5)	(6)
被解释变量	*BDR*	*BDR*	*BDR*	*MDR*	*MDR*	*MDR*
D_{it-1}	0.8459	0.4162	0.4667	0.7399	0.4159	0.6118
	(99.912)	(30.192)	(27.808)	(82.373)	(31.896)	(36.849)
EBIT	−0.0013	−0.001	−0.0015	−0.0011	−0.0004	−0.0013
	(−0.758)	(−0.675)	(−1.054)	(−0.644)	(−0.2523)	(−1.0029)
MB	−0.0059	−0.01	−0.0179	−0.0664	−0.0726	−0.0388
	(−1.998)	(−2.581)	(−4.476)	(−20.912)	(−19.978)	(−10.0317)
FA	0.0124	0.0499	0.0774	0.0016	0.0432	0.0581
	(1.478)	(4.120)	(6.059)	(0.1871)	(3.856)	(5.090)
DEP	−0.0578	−0.1039	−0.1268	−0.0597	−0.0681	−0.0735
	(−3.408)	(−3.843)	(−4.485)	(−3.606)	(−2.733)	(−2.919)
MedD	0.071	0.1618	0.1475	0.1215	0.2078	0.0918
	(3.805)	(4.028)	(3.692)	(8.866)	(6.535)	(2.987)
TAX	−0.000005	−0.00019	−0.00006	−0.00005	−0.00015	−0.00017
	(−0.026)	(−1.047)	(−0.309)	(−0.282)	(−0.909)	(−0.702)
SIZE	0.0097	0.1124	0.0805	0.0080	0.1041	0.0515
	(5.793)	(23.438)	(13.525)	(4.616)	(23.333)	(9.638)
CF	−0.1785	−0.1025	−0.0031	−0.1669	−0.0921	0.0035
	(−10.938)	(−6.6361)	(−0.185)	(−10.292)	(−6.179)	(0.239)
Fixedeffects	No	Yes	Yes	No	Yes	Yes
R^2	0.783	0.8617	0.881	0.811	0.897	0.918

注：表中数字为方程的回归系数，括号内的数字为回归变量的 t 检验量，面板模型回归使用 Eviews6.0 软件实现。D_{it-1} 代表被解释变量的滞后一阶值，在(1)、(2)列表示 BDR_{it-1}，在(4)、(5)列表示 MDR_{it-1}。加入产品独特性，回归 t 值不显著，此处未报告。

在表 9.2 中,第(1)列代表没有控制混合固定效应的情况时,对(9.6)式的估计结果,可以看出,调整速度只有 16%≈1－0.8459,第(2)列代表加入混合固定效应后,对(9.6)式的回归结果,发现调整速度有明显的提高,达到 59%≈1－0.4162 左右,而且解释变量的显著性和 R^2 都有所提高,这与 Fama 和 French(2002)的结果一致,即混合固定效应对资本结构的调整速度有显著影响,不含有混合固定效应的模型会低估调整速度,加入混合固定效应会提高调整速度的估计值。第(3)列估计出我国上市公司向预期资本结构的调整速度为 53%(1－0.4667)左右,说明企业在一年中大约可以向预期资本结构调整 50%左右,这个速度表明我国的上市公司存在预期资本结构,且向预期资本结构调整的速度并不慢。

表 9.2 的第(4)－(6)列表示对 *MDR* 的回归估计,即资本结构采用市值资本结构衡量,结果与(9.6)式的估计结果类似,第(5)列代表没有控制混合固定效应的估计结果,调整速度为 26%≈(1－0.7399),第(6)列代表加入混合固定效应后,同样发现调整速度有明显的提高,达到 59%≈(1－0.4159)左右,而且解释变量的显著性和 R^2 都有所提高。第(6)列表示使用工具变量法估计对 *MDR* 的回归估计的结果,与第(3)列的结果类似,替代变量 MDR_{it-1} 的回归系数为 0.6118,仍然处在(0.4159,0.7399)这个区间之中,同样符合 Bond(2002)的预期,对于以账面值和市值衡量的资本结构的回归结果是相似的。同时,其他影响资本结构的因素变量的符号和显著性也都未发生较大的改变,第(6)列估计出我国上市公司向预期资本结构的调整速度为 39%≈(1－0.6118)左右,比以账面值衡量的资本结构调整速度略慢,但这个速度也足够证明我国上市公司资本结构的预期调整行为是存在的。

表 9.2 也表明,资本结构影响因素的回归结果基本上都符合理论预期。其中,与资本结构有正向显著关系的变量有:(1)资产抵押性。说明企业拥有的抵押性资产越多,进行负债融资的能力越强,负债率也越高。(2)当年行业负债率中位数。无论采用哪种回归方法,该变量对资本结构的影响都是正向显著的。处于同一行业的企业面临类似的经营环境,行业因素对资本结构有重要的影响。(3)企业规模。同样,该变量对资本结构的影响在三种回归方式下都是显著的,企业规模带来的负债能力和抗风险能力对资本结构的影响非常显著。另一方面,与资本结构有负向显著关系的变量有:(1)市值账面比。该变量越大,说明公司成长性越高,或者从市场角度,市值账面比越高说明股价被高估。无论从哪个角度看,其与资本结构的负向关系都说明企业对自身和对市场的认识都是理性的,成长性高的公司是从财务风险的角度来选择较低的负债率,避免

财务风险和经营风险“双高”；股价较高的企业则会从融资成本的角度来考虑，进行权益融资来降低资金成本。(2)非债务税。折旧带来的抵税作用对我国上市公司资本结构的影响是很明显的，边际税率与资本结构关系不显著，说明企业更愿意用折旧来抵税，可能是由于折旧更容易由企业自身决定，而企业税的要求会相对比较严格。(3)现金流量。当企业的现金流较充裕时，对负债的需求的确会比较小。

因此，我们可以归纳出企业动态调整资本结构的原因来自于以下几方面：

(1)前一期的资本结构。从实证结果看，前一期的资本结构对当期的资本结构起主要决定作用，表明企业资本结构变化是一个连续演变过程，是企业根据内外经营条件变化采取适时改变的结果。

(2)融资成本。决定企业资本结构的主要因素是资本的使用成本，市值账面比较高时，说明企业的股票价格被高估，股权融资会大幅降低资本使用成本，而债务融资的成本一般较为固定。因此，企业权衡不同融资渠道的融资成本，会倾向于使用股权融资，从而降低目标资本结构值。

(3)风险状况。当企业拥有越多的抵押性资产，其债务带来的风险相对会较小，因为这些资产在企业出现财务风险时，对债务带来的破产风险有很好的缓冲作用。大规模公司一般具有较强的风险分散能力，因此破产的风险也相对较低。

(4)负债能力。随着企业规模的增加，企业的举债能力也随之提高，为了满足扩张带来的资金需求，企业会提高资本结构的预期值。同时，由于未来的资金需求是不容易预测的，因此企业有理由为了未来可能出现的投资机会而保留一部分举债能力，使得在投资机会出现时，企业可以较快地融到所需资金。

(5)行业资本结构水平。一般来说，同一行业的企业面临的外部条件是类似的，比如宏观经济、行业周期等因素，因此，同一行业的企业的资本结构选择考虑的因素是有共同点的，而且，企业在选择自身的资本结构时，也会参考同行业内的其他企业的资本结构。

综上所述，我国上市公司的确存在目标资本结构，而且向目标资本结构调整的速度为 39％和 53％，这从实证方面有力地支持了李锐等(2007)对我国 167 家上市公司的问卷调查研究结果，动态调整理论在我国的适用性得到了证实。上市公司会根据公司状况，向预期资本结构调整，并且我国上市公司向目标资本结构调整的速度并不慢，大约每年能够向预期资本结构调整一半左右。从影响因素上看，调整的动力基本上来自这几个方面：前期的资本结构、负债能力、

融资成本、风险状况、行业资本结构水平。这些充分表明资本结构是企业根据经营环境的不断变化做出能动的适应性调整策略。

9.3 资本结构是企业经营能力的体现——国有与非国有企业资本结构的比较

9.3.1 问题说明

30 多年的改革开放，我国国有资产不仅在总量上取得了快速增长，而且国有经济的布局和结构在不断优化，目前中央企业 82.8%的资产集中在石油石化、电力、国防、通信、运输、矿业、冶金、机械等行业，国有经济已逐步向关系国家安全和国民经济命脉的重要行业和关键领域集中。但是，另一方面，社会公众仍然对国有企业存在广泛争论：我国的国有经济改革是否成功？国有企业与非国有企业哪个更显活力？要不要将我国的国有企业进行私有化改制？这一争论的标志性事件是 2004 年香港中文大学郎咸平教授抨击国有企业管理人员利用国企改制机会大肆窃取国有资产行为。

从微观层次看，不同所有制性质的企业，由于政府介入的程度不同，企业经营行为和经营环境的可预期性不同，企业的抵御风险能力、经营目标和激励机制也都不相同。因此国内学者广泛关注所有制性质对我国企业经营行为影响及其业绩的差异分析。肖耿(1997)发现国有企业与非国有企业在生产率和增长两方面都存在较大差异。刘小玄(2003)表示当政府掌握了审批、许可等权力进而成为各种稀缺资源的主导配置者时，国有与非国有企业之间存在明显的经营差异。裴文睿(2004)指出政府通过控制审批、许可、资金信贷、获得技术和其他稀缺资源的权力以及制定产业政策方式对经济施行调控，使得稀缺的资金配置于受政府庇护的企业。林毅夫、李志赟(2005)认为国有企业存在普遍的预算软约束现象，在信息成本的约束以及预算软约束影响下，银行对国有企业的贷款更加宽松，而且越可能给予国有企业期限较长的贷款，并且国有企业一般与银行保持较长的交易关系，使得对其资质进行评价所需花费的信息成本大大降低，相反，非国有企业的信息成本却相对高昂。孙铮等(2005)指出，相比非国有企业，国有企业债务违约的风险显著为低，在其陷入财务困境时更容易获得政府的救济，政府的干预大大降低了债务契约的履约成本。方军雄(2007)针对1996—2004年国有工业企业和“三资”工业企业负债状况的研究发现，相比“三资”工业企业，银行发放给国有工业企业的贷款更多、期限较长的贷款比重更高，这可能源于政府干预以及国有企业相比非国有企业所具有的信息成本优势和违约风险的优势。廖冠民、陈燕(2007)以1999—2005年期间发生财务困境的上市公司为研究对象，指出国有产权在公司一旦陷入财务困境，源于国有产权的预算软约束却可以降低财务困境成本，从而有利于国有公司。等等。以上这些研究分别从各个方面比较分析不同所有制性质下企业经营行为的差异，体现所有制性质不同对企业经营与绩效的影响，有助于我国国企改革的不断深化与完善。

该部分将比较不同所有制性质下企业资本结构的影响因素及其动态调整的差异。资本结构反映企业在经营过程中对财务杠杆的运用，不管是通过资本结构影响因素的研究，还是适应性调整的理论分析，都表明资本结构是企业在特定时期、特定生态环境下，根据自身的财务状况、销售收入、营业利润、资产周转等经营状况对资金使用成本与财务风险的一种均衡选择结果，体现企业能动地与经营环境相互作用，获取尽可能多利润的能力。因此资本结构是一个充分反映企业经营决策的灵活性和经营能力的重要指标，同时，本书的研究相对来说也能够利用数据较为具体地和微观地反映所有制性质对我国企业经营行为的影响。

9.3.2　样本选取和描述性统计

这里的数据采用1998－2008年期间沪深两市的非金融业上市公司的财务面板数据，数据来自色诺芬(CCER)一般上市公司财务数据库。样本选择遵循以下原则：(1)采用非金融业上市公司的数据，因为金融行业，尤其是银行业，是一个高负债经营的行业，具有特殊的资本结构。(2)因为我们需要用到公司现金流量数据，但是上市公司从1998年才开始提供现金流量表，所以样本期选择从1998年起。(3)根据一般资本结构研究的情况，由于ST公司的财务状况会出现异常，资产负债表存在较大问题，所以将ST公司亦予以排除。最终得到461家样本公司，每家公司有11年完整的数据，共5071个观测值。国有企业356家，非国有企业105家。

表9.3为各变量的描述性统计结果。

表 9.3 资本结构及其决定因素描述性统计结果

变量	样本数	均值	中位数	标准差	最大值	最小值
			国有企业			
BDR	3916	0.4536	0.4627	0.1723	0.9568	0.0000
MDR	3916	0.3590	0.3452	0.1828	0.8863	0.0000
EBIT	3916	0.881	0.0539	0.3112	2.5310	−0.3397
MB	3916	1.4463	1.2784	0.6685	7.5321	0.6120
FA	3916	0.6063	0.5943	0.0086	2.7581	0.0087
FDA	3916	−0.0963	−0.0880	0.1992	0.9058	−5.8918
MedBDR	3916	0.4605	0.4810	0.0845	0.6744	0.2308
MedMDR	3916	0.3506	0.3335	0.1094	0.6119	0.1263
TAX	3916	0.0717	0.1284	0.3720	3.3472	−2.8167
SIZE	3916	5.3517	5.2913	0.9639	9.3862	2.8329
			非国有企业			
BDR	1155	0.4705	0.4831	0.1685	0.8831	0.0081
MDR	1155	0.3456	0.3301	0.1755	0.9157	0.0059
EBIT	1155	0.1956	0.1044	0.3973	3.6301	−0.3397
MB	1155	1.5738	1.3808	0.6592	7.3239	0.7235
FA	1155	0.5386	0.5443	0.2008	1.3500	0.0138
FDA	1155	0.1467	0.1207	0.1174	1.3700	0.0002
MedBDR	1155	0.4723	0.4816	0.0855	0.7235	0.0081
MedMDR	1155	0.3451	0.3422	0.1223	0.6231	0.0059
TAX	1155	0.0863	0.1237	0.0643	0.2801	−0.1837
SIZE	1155	4.8696	4.8400	0.8302	8.1703	2.6706

注：*BDR* 为账面值资本结构＝账面负债/(账面负债＋账面权益)，*MDR* 为以市值资本结构＝账面负债/(账面负债＋非流通股股数×每股净资产＋流通股市值)，*EBIT* 为盈利能力＝净利润/总资产，*MB* 为市值账面比＝账面负债＋非流通股股数×每股净资产＋流通股市值)/账面总资产，*FA* 为可抵押性＝(固定资产＋存货)/总资产，*FDA* 为财务赤字＝(现金分红＋投资现金流＋净运营资金变化－经营现金流)/总资产，*MedBDR* 和 *MedMDR* 为以账面资本结构和市值资本结构计算的当年行业负债率的中位数。*TAX* 为边际税率＝(所得税－所得税返还)/(净利润＋所得税－所得税返还)，*SIZE* 为公司规模＝ln 总资产(单位：千万元)，*CF* 为现金流＝经营活动产生的现金流量净额/总资产。

从表 9.3 可见，国有与非国有企业之间有一些经营指标存在比较明显的差异。

(1)盈利能力。不管是中位数还是平均值，非国有企业的都较大些，表明非国有企业较国有企业的盈利能力强些。(2)财务状况。国有企业的 *FDA* 平均为负，而非国有的却平均为正。表明平均来说国有企业的财务有盈余，而非国有平均来说是财务赤字经营。由此可见，非国有企业经营更大胆些，而国有企业财务上稍微谨慎些，这与它们的经营目标的差异有关。(3)企业规模。国有企业的规模较非国有的规模要大些。(4)产品竞争力。国有企业的 *DTX* 值明显比非国有企业的小，表明国有企业的产品竞争力较强些。因为我们采用的数据是 1998—2008 年的上市公司数据，我们都知道我国国企自 1992 年开始进行现代企业制度改革，所以统计数据表明，我国国企的现代企业制度改革取得比较显著的成绩，国有企业的产品竞争力明显超越非国有企业。(5)企业市值与账面总资产比。非国有企业的该值较国有企业的大，这是因为非国有企业的规模较小些，并且经营相对活跃些，而证券市场一般对规模小的、概念丰富的企业炒作过度些，因此市场价值较账面价值的比例较大些。

9.3.3　实证结果分析

根据以上的样本数据，采用 Eviews6.0 实证模型(9.6)，得到的结果如表 9.4 所示。

表 9.4　动态调整模型回归结果

	国有企业		非国有企业	
被解释变量	*BDR*	*MDR*	*BDR*	*MDR*
BDR_{it-1}/MDR_{it-1}	0.4891 (31.367)	0.3146 (17.194)	0.2707 (7.726)	0.2723 (7.515)
C	−0.3368 (−10.138)	−0.3683 (−10.891)	−0.2041 (−3.972)	−0.3279 (−5.272)
EBIT	−0.1379 (−10.872)	−0.0934 (−6.559)	0.0032 (1.605)	0.0025 (1.406)
FA	0.0010 (0.100)	−0.0056 (−0.053)	0.0343 (1.3729)	0.0296 (1.264)
FDA	−0.0908 (−11.957)	−0.0855 (−10.027)	−0.0522 (−3.435)	−0.0410 (−2.953)
MB	−0.0129 (−4.6314)	−0.0438 (−14.041)	−0.0042 (−0.779)	−0.0579 (−8.366)

续表

	国有企业		非国有企业	
SIZE	0.0843 (18.747)	0.1013 (20.062)	0.0669 (6.934)	0.0949 (9.516)
MedBDR(*MedMDR*)	0.2820 (6.138)	0.3633 (7.922)	0.4402 (5.827)	0.5194 (5.984)
TAX	−0.0002 (1.133)	0.0001 (0.1577)	−0.0001 (−0.085)	−0.0001 (−0.292)
Fixed Effect	YES	YES	YES	YES
R^2	0.879	0.867	0.760	0.829

注:表中数值为各变量的回归系数,括号内的数值为T检验值,下表同。

首先,我们分析模型中对国有企业和非国有企业差别比较明显的指标:

(1)盈利能力对资本结构的影响。对国有企业来说,该指标的影响系数为负,而且在统计上显著;对非国有企业来说,却是较弱的正作用,并且统计上不显著。该结果说明盈利能力较强的国有上市公司容易在证券市场上获得融资,而盈利较强的非国有企业却不一定。

这一结论的原因是很好解释的。因为我国证券市场是新兴的市场,股权融资成本较债务融资成本低,企业普遍存在股权融资偏好①。但是,不是所有盈利能力强的企业都能获得上市、增发或配股等方式融资,股权融资需要政府批准的,而具有上市、增发或配股等支配权的政府在政策上一般向国有企业倾斜,所以,当国有企业的盈利能力较好时,容易在证券市场上获得融资权利。对非国有企业来说,如果能获得股权融资资格,就采用股权融资,如果不能获得股权融资,就直接采用债务融资,所以对它们来说,该指标的影响并不显著。

(2)调整速度。对应模型(5.6)的系数,国有企业的调整速度为*BDR*的0.5109=1−0.4891和*MDR*的0.6854=1−0.3146;但是非国有企业的调整速度分别为0.7293=1−0.2707与0.7277=1−0.2723,它们在统计上都是显著的。该结果表明,非国有企业对外部环境条件变化的反应速度较快,对企业的融资条件和成本的把握比较积极。国有企业因为享有较好的资源条件和制度保障,以及经营目标的差异,所以对经营环境变化的反应没有非国有企业敏锐。

其次,模型中差异不是特别明显的指标有:税率、企业规模和行业平均资本结构,其中税率对资本结构的影响不显著,这与国内许多学者的研究基本一致。

① 黄少安,张岗.中国上市公司股权融资偏好分析.经济研究,2001(11)

企业规模和行业平均资本结构指标对资本结构影响在统计上是显著的。行业平均资本结构指标的显著性影响说明同一行业的企业所处的外部条件、行业周期等因素是类似的，企业选择的资本结构也受这些因素影响。

实证结果中的财务状况和择时性指标对资本结构的影响系数基本相同，但是，如果我们深入分析它们的不同状态对资本结构调整的影响，却发现仍然存在明显的差异：

(一)含有财务状况虚拟变量的目标调整模型回归结果

本书设计了财务状况虚拟变量和调整方向虚拟变量加入调整模型，沿用前文财务赤字变量 FDA_{it}，定义虚拟变量 $D_{it}^{surplus}$ 和 $D_{it}^{deficit}$，当企业有财务盈余即 $FDA_{it} < 0$ 时，$D_{it}^{surplus}$ 取值为 1，否则为 0；当企业有财务赤字即 $FDA_{it} > 0$ 时，$D_{it}^{deficit}$ 取值为 1，否则为 0。D_{it}^{above} 是调整方向虚拟变量，当 $BDR_{it-1} > BDR_{it}^{*}$ 时，取值为 1，说明此时企业实际资本结构处在目标资本结构之上。当 $BDR_{it-1} < BDR_{it}^{*}$ 时，D_{it}^{below} 取值为 1，说明此时企业实际资本结构处在目标资本结构之下。建立回归方程如下：

$$\Delta BDR_{it} = (\beta_1 D_{it}^{surplus} + \beta_2 D_{it}^{deficit}) TDBDR_{it} D_{it}^{above} + (\beta_3 D_{it}^{surplus} + \beta_4 D_{it}^{deficit}) TDBDR_{it} D_{it}^{below} + \varepsilon_{it} \quad (9.7)$$

其中，$\Delta BDR_{it} = BDR_{it} - BDR_{it-1}$，$TDBDR_{it} = BDR_{it}^{*} - BDR_{it-1}$，利用 Eviews6.0 软件，得到如 9.5 所示的结果。

表 9.5　含有财务状况虚拟变量的目标调整模型回归结果

	国有企业		非国有企业	
被解释变量	*BDR*	*MDR*	*BDR*	*MDR*
C	0.1155 (31.945)	0.1259 (32.696)	0.0724 (12.437)	0.0746 (16.386)
$D^{surplus}, TDBDR, D^{above}$	0.4629 (29.625)	0.5717 (33.447)	0.4760 (12.773)	0.6274 (17.651)
$D^{deficit}, TDBDR, D^{above}$	0.5161 (33.071)	0.6219 (34.179)	0.5775 (16.149)	0.6823 (19.845)
$D^{surplus}, TDBDR, D^{below}$	0.6535 (12.493)	0.5329 (17.419)	0.6295 (8.442)	0.5866 (9.936)
$D^{deficit}, TDBDR, D^{below}$	0.2881 (2.761)	0.4059 (8.442)	0.5155 (4.037)	0.6297 (7.434)
Fixed Effects	YES	YES	YES	YES
R^2	0.358	0.659	0.358	0.711

这个结果表明，当公司的财务盈余时，公司资本结构的调整对国有与非国有企业的影响基本相同，但是，当公司财务赤字时，非国有企业的调整速度快于国有企业的调整速度。这是因为，非国有企业较国有企业受到政府支持的较少些，更多的需要企业自力更生，财务赤字增加企业的财务风险，这时需要迅速调整，降低财务风险。国有企业因为有政府支持，即使财务风险增加，也会依靠政府度过困难，所以其反应速度相对稍慢些。

（二）含有市场择时虚拟变量的目标调整模型回归结果

如果 MB 值较大，也就是市值账面比较高，那么企业的股票价格被高估，企业会利用股权融资降低融资成本，表 9.5 中显示的结论与这个解释一致，国有与非国有企业都会充分利用市场机会。为了进一步考察市场波动状况对企业资本结构调整的影响，本文将市场择时虚拟变量加入调整模型。定义虚拟变量 D^{high} 和 D^{low}，当企业当年的市值账面比 MB 值大于当年该企业所处行业 MB 的中位数时，D^{high} 的取值为 1，否则为零；当企业市值账面比 MB 值小于当年该企业所处行业 MB 的中位数时 D^{high} 取值为 1，否则为零。建立回归方程：

$$\Delta BDR_{it} = \gamma_1 + \gamma_2 TDBDR_{it} D^{high} + \gamma_3 TDBDR_{it} D^{low} + \varepsilon_{it} \tag{9.8}$$

利用 Eviews6.0 软件，得到如 9.6 所示的结果。

表 9.6　含有市场择时虚拟变量的目标调整模型回归结果

	国有企业		非国有企业	
被解释变量	*BDR*	*MDR*	*BDR*	*MDR*
C	0.1213 (39.342)	0.0735 (41.631)	0.0781 (19.885)	0.0725 (22.802)
$TDBDR.D^{high}$	0.5215 (36.577)	0.6442 (41.853)	0.5796 (19.692)	0.7057 (24.086)
$TDBDR.D^{low}$	0.4771 (32.205)	0.5039 (33.594)	0.5143 (16.795)	0.5673 (18.821)
Fixed Effects	YES	YES	YES	YES
R^2	0.352	0.666	0.353	0.717

该结果表明，不管国有还是非国有企业，市场高涨时企业调整资本结构的速度较市场低迷时快些，但是，非国有企业对择时性的调整速度较国有企业要快些。可见，企业都会充分利用市场给予的降低融资成本的机会，但是，非国有

企业相对于国有企业更加能动些、积极些。

9.4 结　论

从演化经济学的角度看，企业资本结构同企业战略选择一样，都是企业经营决策与外部环境之间共同演化的结果，充分体现一个企业的经营能动性：一方面，企业的资本结构受自身经营条件和周围因素决定，是企业适应环境的结果；另一方面，合适的资本结构对企业经营发展的作用相当重要，只有合理的资本结构才能有效促进企业的价值最大化和较好发展，所以资本结构充分体现一个企业的经营能力。

以上内容从分别从资本结构决定因素和对比不同所有制企业的资本结构分析经营能力的差异，从而表明资本结构是企业与经营环境之间能动性作用的演化结果。

参考文献

1. Aghion, Philippe and Howitt, Peter. A Model of Growth Through Creative Destruction [J]. Econometrica, 1992,March, 60(2): 325—351.

2. Alchian A. Uncertainty, Evolution and Economic Thoery[J]. Journal of Political Economy, 1950, vol. 58: 211－218.

3. Bain,J. S. Barriers to New Competition[M]. Cambridge: Harvard University Press. 1956.

4. Baker Malcolm, Jeffrey Wurgler. Market timing and capital structure [J],Journal of Finance, 2002. vol. 57 : 1～32.

5. Baldwin, and Clark. Managing in an Age of Modularity[J]. Harvard Business Review, 1997, 75(5). 84－93.

6. Baldwin, and Clark. The Power of Modularity[M], MIT Press, Cambridge MA, Design Rules, 2000.

7. Barney, J. Firm resources and sustained competitive advantage[J]. Journal of Management, 1991. 17: 99－120.

8. Binmore, K. and Samuelson, L. , Evolutionary Drift and Equilibrium Selection. Review of Economic Studies[J], 1999. vol. 66, 363－393.

9. Blundell, R. , Bond, S. , Devereux, M. , Schiantarelli, F. , Investment and Tobin's Q: Evidence from Company Panel Data[J], Journal of Econometrics, 1992. Vol. 151, 233－257.

10. Blume, L. and Easley D, Evolution and Market Behavior. Journal of Economic Theory[J] 1992. vol. 58: 9－45.

11. Bryan, R. Routledge, Adaptive Learning in Financial Markets. The Review of Financial Studies[J] 1999. 12(5):1165－1202.

12. Byoun, Soku. How and when do Firms Adjust their Capital Struc-

tures toward Targets? [J]. Journal of Finance. 2008. No. 6：3069～3094.

13. Canning, D. , Learning and Social Equilibrium in Large Populations, in Kirman, A. and Salmon, M. (e)ds. , Learning and Rationality in Economics, Blackwell (Oxford). 1990.

14. Caves, D. W. , L. R. Christensen and W. E. Diewert. The economic theory of index numbers and the measurement of input, output, and productivity[J]. Econometrica, 1982. 50(6), 1393—1414.

15. Chen F. , Drezner Z. , Ryuan J. Quantifying The Bullwhip Effect in a Simple Supply Chain: The Impact of Forecasting, Leadtimes, and Information [J]. Management Science, 2000, 46(3)：436—443.

16. Chen, K. M. and Liu, R. J. Interface Strategies in Modular Product Innovation[J]. Technovation, 2005, 25(7). 771—782.

17. Coase, R. The nature of the firm. Econometrica, 1937. 4：386—405.

18. Cressman, R. , The Stability Concept of Evolutionary Game Theory, Springer Verlag(B)erlin. 1992.

19. Denison, E. F. , Why Growth Rate Differ[M]. The Brookings Institution. Washington, D. C. University Press, Oxford and New York 1967.

20. Dopfer, K. The Evolutionary Foundations of Economics: The Evolutionary Foundations of Economics[M]. Cambridge: Cambridge University Press, 2005.

21. Ehrlich, P. , Raven, P. Butterflies and Plants: A Study in Coevolution[J]. Evolution, 1964, 18(4). 586—608.

22. Fama, E. , Agency problems and theory of the firm[J], Journal of Political Economy, 1980. vol. 88, 288—307.

23. Fama, E. , and M. C. Jensen, Agency problem and residual claims [J], Journal of Law and Economics, 1983. vol. 26, 327—349.

24. Fare, R. , S. Grosskopf and J. Logan, The relative performance of publicly-owned and privately-owned electric utilities[J]. Journal of Public Economics, 1985. vol. 26, 89—106.

25. Fare, R. , S. Grosskopf, S. Yaisawarng, S. K. Li and Z. Wang, Productivity growth in Illinois electric utilities[J]. Resources and Energy, 1990. vol. 12, 383—398.

26. Fischer, E. , Heinkel, R. , Zechner, J. Dynamic Capital Structure

Choice：Theory and Tests. Journal of Finance，1989. Vol. 44：19－40

27. Flannery，Rangan. Partial Adjustment toward Target Capital Structures. Journal of Financial Economics,2006. vol. 79：469－506.

28. J. Foster，The Analytical Foundations of Evolutionary Economics：From Biological Analogy to Economic Self-organisation. tructural Change and Economic Dynamics 1997，8，427—451.

29. Furstenberg,G.，Coporate Investment：Does Market Value Matter in Aggregate? [J] Broking papers on Economic Activity，1977. Vol 16，347～397.

30. Fudenberg,D. and Levine,D.，Steady-state Learning and Nash Equilibrium[J]，Econometrica，1993. 61,523－574.

31. Goldstein，Robert N.，Nengjiu Ju，and Hayne Leland. An EBIT-based Model of Dynamic Capital Structure[J]. Journal of Business,2001. 74：483～512

32. Grossman. S. and O. Hart，Corporate financial structure and managerial incentives[M]，In. J. McCall. ed. The Economic of Information and Uncertainty. University of Chicago Press，1982.

33. Hall. Brain J. and Kevin J. Murphy. The Trouble with Stock Option [J]. The Journal of Economic Perspectives. 2003. Vol. 17. No. 3. 47－70.

34. Harris，M.，Raviv，A.. Capital Structure and the Informational Role of Debt[J]. Journal of Finance，1990. 45：321－349

35. Hart,O.，The market mechanism as an incentive scheme[J]，Bell Journal of Economics，1983. 14，366－689.

36. Hayashi. F，Tobin's Marginal q and Average q：An eoclassical Interpretation[J]. Econom-etrica. 1982. Vol 50(January)，213－224.

37. Herbert. A. Simon. The Architecture of Complexity[J]. Proceeding of the American Philosophical[J]. 1962,106(4). 467－482.

38. Hodgson G. M. Evolution and Institutions：On Evolutionary Economics and The Evolution of Economics[M]. Cheltenham，UK and Northhampton，MA：Edward Elgar，1999.

39. Jensen，M. C.，Agency costs of free cash flow，corporate finance，and takeovers [J]，American Economic Review，1986. 76,323－339.

40. Jensen，M. C.，and W. H. Meckling，Theory of the firm：manageri-

al behavior, agency costs, and capital structure[J]. Journal of Financial Economics, 1976. 3,305—360.

41. J. Humphery, and H. Schmitz. How Does Insertion in Global Value Chains Affect Upgrading in Industrial Cluster? [J]. Regional Studies, 2002, 36(9).1017—1027.

42. Jorgensen D. W. , Capital Theory and Investment Behavior[J]. American Economic Review, 1963. Vol. 53: 247～256.

43. F. Kodama. Measuring Emerging Categories of Innovation: Modularity and Business Model[J]. Technological Forecasting & Social Change, 2004, 71(6).623—633.

44. Lee N. , Padmanahan S. ,Wang S. Information Distortion in a Supply Chain: The Bullwhip Effect[J]. Management Science, 1997, 43(4): 546—558.

45. Mahoney J. T. and J. R. Pandian, The Resource-Based View Within The Conversation of Strategic Management[J]. Strategic Management Journal, 1992. Vol. 13,363—380.

46. Marshall A. Principle of Economics[M]. London: Macmillan. 1925.

47. McDonald Robert & Daniel Siegel, Investment and the Valuation of Firms When There is an Option to Shut Down[J], International Economic Review, 1985. Vol 26,331～349.

48. Nelson, R. and Winter, S. An Evolutionary Theory of Economic Change. Harvard University Press (Cambridge MA). 1982.

49. Norgaard, R. Development betrayed: The End of Progress and a Coevolutionary Revisioning of The Future[M]. London: Routledge, 1994.

50. Penrose,E. T. ,The Theory of the Growth of the Firm. Oxford: Oxford University Press. 1959.

51. Peteraf,M. A. , The Cornerstones of Competitive Advantage: a Resource-based View[J], Strategic Management Journal, 1993, Vol. 14,179—191.

52. Porter,M. E. Towards a Dynamic Theory of Strategy[J]. Strategic Management Journal, 1991. 12: 95—117.

53. Poterba, J. M. , Summers, L. H. , Dividend Taxation, Corporate Investment and"q"[J], Journal of Public Economics, 1983. Vol. 22, 247～273.

54. Prahalad, C. K. and G. Hamel. The core competence of the corporation[J]. Harvard Business Review, 1990. 66(May/June):79－91.

55. Romer, Paul M., Endogenous Technological Change[J]. Journal of Political Eeonomy, 1990. 98,5(October), Part H, pp. 71－102.

56. R. Routledge. Adaptive Learning in Financial Markets. Review of Financial Studies. 1999. 12：1165－1202.

57. Schilling, M., and Steensma, H. K.. The Use of Modular Organizational Forms: An Industry—Level Analysis[J]. Academy of Management Journal, 2001. 44(6):1149－1168.

58. Shleifer, A. and R. W. Vishny, A Survey of corporate governance[J], Journal of Finance, 1997. 52: 737－783.

59. SoLow Robert. A Contribution to the Theory of Economic Growth [J]. The Quarterly Journal of Economics. 1956. 70(1):65—94.

60. Solow, Robert, M. Technical Change and Aggregate Production Function[J]. The Review of Economics and Statistics. 1957. 39：312～320.

61. Stephen O'Byrne. EVA and Market Value[J]. Journal of Applied Corporate Finance, 1996. vol. 9, No. 1: 116～125.

62. Sturgeon T.. What Really Goes on in Silicon Valley? Spatial Clustering and Dispersal in Modular Production Networks[J]. Journal of Economic Geography, 2003. (3). 199－215.

63. Teece, D. J., G. Pisano and A. Shuen. Dynamic capabilities and strategic management[J]. Strategic Management Journal, 1997. 18：509－33.

64. Titman, Sheridan, and Roberto Wessels. The Determinants of Capital Structure Choice. Journal of Finance, 1988. 43: 1～19

65. Tobin, J., A General Equilibrium Approach to Monetary Theory[J], Journal of Money, Credit, and Banking, 1969. Vol 1, 15～29.

66. Wernerfelt, B. A resource-based view of the firm[J]. Strategic Management Journal. 1984. 5: 171－80.

67. Williamson, O. E. Strategy research: Governance and competence perspectives[J]. Strategic Management Journal, 1999. 20：1087－108.

68. U. Witt, Self-organisation and Economics——What Is New? Structural Change and Economic Dynamics, 1997, 8: 489—507.

69. Worren, N., K. Moore and P. Cardona. Modularity, Strategic Flex-

ibility, and Firm Performance: A Study of the Home Appliance Industry[J]. Strategic Management Journal, 2002. 23(4):1123－1140.

70. (美)波特. 竞争论[M]. 北京:中信出版社,2003.

71. 陈劲,桂彬旺. 模块化创新:复杂产品系统创新机理与路径研究[M]. 北京:知识产权出版社,2007.

72. 陈兰孙. 生物数学引论[M]. 北京:科学出版社,1988.

73. 陈平. 文明分岔——经济混沌和演化经济学[M]. 北京:经济科学出版社, 2002.

74. 陈勇,廖冠民,王霆. 我国上市公司股权激励效应的实证分析[J],管理世界,2005(2):158－159.

75. 陈小悦,李晨. 上海股市的收益与资本结构关系实证研究[J]. 北京大学学报(哲学社会科学版),1995(1):72－79.

76. 丁守海. 托宾 q 值影响投资了吗? ——对我国投资理性的另一种检验[J]. 数量经济与技术经济研究,2006(12):146－155.

77. 方军雄. 所有制、制度环境与信贷资金配置[J]. 经济研究,2007(12):82－92.

78. 扶缚龙,黄健柏. 我国火力发电企业的技术效率的实证研究——基于 Malmquist 指数的分析[J],2005 年经济年会会议论文投稿.

79. 高山晟. 经济学中的分析方法[M]. 北京:中国人民大学出版社,2001.

80. 何继善, 戴卫明. 产业集群的生态学模型及生态平衡分析[J]. 北京师范大学学报(社会科学版), 2005 (1):126－132.

81. 何青. 我国上市公司的投资行为研究:基于新古典理论的检验[J]. 当代财经,2006(2):23－31.

82. 洪功翔. 国有企业改革 30 年[J]. 经济理论与经济管理,2008(11):19－21.

83. 洪锡熙,沈艺峰. 我国上市公司资本结构影响因素的实证分析[J]. 厦门大学学报(哲学社会科学版),2000(3):114－120.

84. 胡晓鹏. 从分工到模块化经济系统演进的思考[J]. 中国工业经济, 2004(9):5－11.

85. 黄贵海,宋敏. 中国上市公司的资本结构[J]. 上证研究,2003(3):1－471.

86. 黄少安,张岗. 中国上市公司股权融资偏好分析[J]. 经济研究,2001(11):12－21.

87. 黄小原,王静.供应链中的牛鞭效应问题研究进展:存在、量化与控制[J].信息与控制, 2004(50):579—583.

88. 金祥荣, 朱希伟. 专业化产业区的起源与演化:一个历史与理论视角的考察[J]. 经济研究, 2002(8):74—85.

89. 金雪军,陶海青,陆巍峰. 企业组织惯例演化及多重均衡[J],经济纵横,2003(1):46—48.

90. 金雪军,毛捷,袁佳. 科学共同体合作行为的演化分析[J]. 经济评论,2004(3):36—52.

91. 贾根良.理解演化经济学[J].中国社会科学,2004(2):33—41.

92. 李国重.中国上市公司资本结构的动态目标调整:制度特征导向.会计研究,2006(12):68—96.

93. 李海舰,聂辉华. 企业的竞争优势来源及其战略选择[J]. 中国工业经济,2002(9):5—13.

94. 李海舰,魏恒.新型产业组织分析范式构建研究——从 SCP 到 DIM [J].中国工业经济,2007(7):29—39.

95. 李京文,钟学义.中国生产率分析前沿[M]. 北京:社会科学文献出版社,2007.

96. 李增泉.激励机制与企业绩效——基于上市公司的实证研究[J].会计研究,2001(1):24—30.

97. 李映东,李继红.专用性资产、要挟与纵向一体化——对茂化实华停产风波的经济学分析[J].西南民族大学学报,2005(8):134—137.

98. 李心丹等. 基于 DEA 的上市公司并购效率研究.经济研究[J].2003(10):15—24.

99. 连玉君,钟经樊.中国上市公司资本结构动态调整机制研究.南方经济,2007(1):23—38.

100. 廖冠民,陈燕.国有产权、公司特征与困境公司绩效.会计研究,2007(3):33—41.

101. 林毅夫,李志赟.中国的国有企业与金融体制改革[J].经济学(季刊),2007(7):914—935.

102. 刘刚.企业的异质性假设——对企业本质和行为的演化经济学解释[M]. 北京:中国人民大学出版社,2005.

103. 刘金全,张鹤.我国经济中“托宾效应”和“反托宾效应”的实证检验[J].管理世界,2004(5):18—32.

104. 刘澜飚，李贡敏. 市场择时理论的中国适用性——基于1998—2003年上市公司的实证分析[J]. 财经研究，2005(11)：17－28.

105. 刘芍佳，丛树海. 创值论及其对企业绩效的评估[J]. 经济研究. 2002(7)：54－59.

106. 刘小玄. 中国工业企业的所有制结构对效率差异的影响[J]. 经济研究，2000(22)：17－25.

107. 刘小玄. 中国转轨过程中的企业行为和市场均衡[J]. 中国社会科学，2003(2)：61－71.

108. 刘志高，尹贻梅. 演化经济学的理论知识体系分析[J]. 外国经济与管理，2007，(6).

109. 陆正飞，辛宇. 上市公司资本结构主要因素之实证研究[J]. 会计研究，1998(8)：34－37.

110. [美]罗伯特·吉本斯. 博弈论基础[M]. 北京：中国社会科学出版社，1999.

111. [美]迈克尔·迪屈奇. 交易成本经济学——关于公司的新的经济意义[M]. 北京：经济科学出版社，1999.

112. 纳尔森，温特(中文版). 经济变迁的演化理论[M]. 北京：商务印书馆，1982.

113. 裴文睿. 中国的法治与经济发展[J]. 洪范评论，2004(1)：9－76.

114. 戚拥军，王小宁，徐标. 债务来源与产品市场竞争——基于国有控股上市公司和非国有控股上市公司的比较[J]. 产业经济研究，2008，第6期：36－43.

115. 乔华，张双全. 公司价值与经济附加值的相关性：中国上市公司的经验研究[J]. 世界经济，2001(1)：42－45.

116. [日]青木昌彦，安藤晴彦. 模块化时代：新产业结构的本质[M]. 上海：上海远东出版社，2003.

117. 屈耀辉，傅元略. 优序融资理论的中国上市公司数据验证——兼对股权融资偏好再检验[J]. 财经研究，2007(2)：108－118.

118. 渠立容，黄丹. 纵向一体化战略绩效实证研究——以台湾地区为例[J]. 安徽农业科学，2007(5)：10074－10075.

119. 邵晓峰，季建华，黄培清. 供应链中供应商选择方法的研究[J]. 数量经济技术经济研究，2001(8)：80－83.

120. 沈晓珊，刘东. 从系统论看企业网络的发展[J]. 数量经济技术经济研

究，2002(8)：112－114.

121. 任寿根. 模仿行为经济学分析[J]，经济研究，2002(1)：64－71.

122. 史晋川，傅绍文. 纵向一体化与联合所有权——通用一费希尔公司收购案例研究[J]. 中国工业经济，2004(9)：80－86.

123. 王端. 现代宏观经济中的投资理论及其最新发展[J]，经济研究，2000(12).

124. 王国刚，兰帮华. 我国上市公司实施股票期权制的模式、障碍与对策[J]. 财贸经济，2001(5)，5－11.

125. 王喜刚等. 什么解释公司价值：EVA 还是会计指标[J]. 经济科学，2003(2)：98－106.

126. 王忠玉. 基于生物进化选择的经济演化理论研究[J]. 经济评论，2006(3)：140－150.

127. 魏刚. 高级管理层激励与上市公司经营绩效[J]. 经济研究，2000(3)：32－39.

128. 魏权龄. 评价相对有效性的 DEA 方法：运筹学的新领域[M]. 北京：中国人民大学出版社，1998.

129. 吴利华，周勤，杨家兵. 钢铁行业上市公司纵向整合与企业绩效关系实证研究——中国钢铁行业集中度下降的一个分析视角[J]. 中国工业经济，2008(5)：57－66.

130. 孙巍. 基于产出的生产规模效率及其测度方法研究[J]. 数量经济技术经济研究. 1999(7)：49－52.

131. 刁晓纯，苏敬勤. 基于序参量识别的生态产业网络演进方式研究[J]. 科学学研究，2008(3)：506－510.

132. 项保华，李庆华. 企业战略理论综述[J]. 经济学动态，2000(7)：70－74.

133. 肖作平，吴世农. 我国上市公司资本结构影响因素实证研究[J]. 证券市场导报，2002(8)：39－44.

134. 肖作平. 资本结构影响因素和双向效应动态模型. 会计研究，2004(2)：36－41.

135. 肖人彬，库琼，曹鹏彬. 基于免疫聚类识别的耦合功能规划方法与实例计算机集成制造系统[J]. 2006(9)：.

136. 徐宏玲. 模块化组织价值创新：原理、机制及理论挑战[J]. 中国工业经济，2006(3)：83－91.

137. 颜鹏飞,王兵.技术效率、技术进步与生产率增长:基于DEA的实证分析[J].经济研究,2004(12):55-65.

138,杨蕙馨,纪玉俊,吕萍.产业链纵向关系与分工制度安排的选择及整合[J].中国工业经济,2007(9):14-22.

139. 袁桂秋. 企业兼并的另一种经济学解释[J].统计研究,2005(2):61-63.

140. 袁桂秋. 经营能力视角下的公司估值分析[J]. 财会月刊,2009(3):22-24.

141. 袁桂秋,丁正中.具有不可预测风险的项目投资理论[J].数量经济与技术经济研究,2004(7):115-122.

142. 袁桂秋,陈兰荪,徐顺暖. 企业投资活动中模仿学习行为的经济学解释[J]. 生物数学学报,2009(1):25-32.

143. 袁桂秋,张玲丹. 我国制造业企业规模经济效益分析[J].数量经济与技术经济研究,2010(2):42-53.

144. 袁桂秋,陈兰荪. 供应链上牛鞭效应的成因及其有效控制方法分析[J]. 生物数学学报,2011(1):1-7.

145. 谌新民,刘善敏.上市公司经营者报酬结构性差异的实证研究[J].经济研究,2003(8):55-63.

146. 赵建东,陈文成.一类竞争 Lotka-Volterra 系统的持续生存和灭绝[J].生物数学学报,2004(2):141-148.

147. 钟胜,汪贤裕. 从纵向一体化到供应链战略的抉择机制分析[J].数量经济技术经济研究,2003(7):100-104.

148. 周勤. 企业纵向关系论——纵向关系的产业组织分析[M]. 北京:经济科学出版社,2004.

149. 周勤,万兴. 转型时期政府主导下的中国电影产业纵向变革的原因和绩效分析[J].管理世界,2005(12):65-70.

150. 胡佐. 基于动态调整模型的上市公司资本结构研究[D].浙江工商大学硕士学位论文,2010.

151. 徐顺暖.基于企业演化原理的纵向一体化分析.[D].浙江工商大学硕士学位论文,2010.

152. 张玲丹. 我国制造业规模经济效益的影响因素分析[D].浙江工商大学硕士学位论文,2010.

后 记

本书为笔者主持的教育部人文社科项目《基于生态演化原理的企业行为分析》(项目批准号:09YJA790182)的最终研究成果,部分内容曾发表在《数量经济技术经济研究》和《生物数学学报》等刊物上,也有一些内容来自于我的博士后出站报告。

自2008年6月博士后出站以来,我开始专注于企业理论和产业经济学的学习与研究。特别将生物体与企业进行对比,发现两者存在极强的相似性:(1)生物体利用能量和物质,并不断成长,企业在消耗物质和能量的同时也生产产品;(2)所有多细胞生物都经历生长的各个阶段,企业也会经历不同的成长阶段;(3)同一物种个体的集合体构成种群,具有某种共同特征的企业集合构成产业;(4)占有一定空间的多种生物种群的集合体构成生态群落,各种企业的联合体或共生体构成产业块状经济组织;(5)自然生态系统内部成员之间既具有优胜劣汰、适者生存的竞争关系,又具有协作、共生关系,产业生态系统内部企业之间也具有竞争与合作关系,等等。另外,如果从企业与经营环境之间的关系看,我们发现企业既处在由自然、经济、社会、文化等因素构成的经济生态环境中,受经济环境的渗透影响和制约;又在特定时期、特定生态环境下能动地与环境及其他企业相互作用,通过企业战略适应经济环境的发展,获取尽可能多的利润。企业的发展过程实际上就是企业自身条件与其环境因素相互作用、相互发展的一个演变过程。以上这些视角和观点表明,利用生态演化原理分析企业行为特征符合企业的发展规律。

这一"青涩"、欠周密的思想,能不能在这个领域做点科研工作呢?当我将这个观点想法同我国生物数学学会理事长中国科学院系统所陈兰荪教授交流时,陈老先生对此很感兴趣,并且多次邀我在陈老先生主持的博士生讨论班上讲解我的一些初步的工作,同时他邀请我参加生物数学年会,让我了解生物数学的发展状况,希望我能更好利用生物数学工具分析经济问题。在此,我特别感谢陈兰荪老先生对我的厚爱与关怀。

我最要感谢的是我的博士后合作导师浙江大学经济学院“求是特聘教授”金雪军老师。不仅因为金老师是我的良师，他的渊博睿智的知识使我受益匪浅，金老师视野空旷，他的宽广的胸怀陶冶我们学子的情操。而且，金老师也是我的益友，不管我遇到生活上、工作上和科研上的问题，只要能让金老师知道，不管自身工作多么繁忙，他都能指导我、帮助我。我庆幸遇到这么一位好老师，并在金老师的悉心指导下系统学习和研究产业组织和企业理论。

我要感谢香港城市大学周定轩教授，感谢他为我顺利到香港城大做访问学者所做出的周密安排，并在我访问香港城大期间，周教授为我提供良好的工作环境，该书的部分内容是我在访问香港城市大学时完成的，在此无比感激周教授的关怀与帮助。

还要感谢我的硕士生弟子徐顺暖、胡佐和张玲丹同学，他们都很优秀，本书的部分实证是由他们认真完成的。其中，徐顺暖完成纵向一体化的实证，胡佐完成资本结构的实证，张玲丹完成规模经济的实证。这些优秀的学生促使我思考，激励我前进。同时也感谢我的硕士生毛梦楚同学帮我查找一些有关于模块化的部分资料。

本书能够顺利出版得到了浙江大学领导和员工们的大力支持，特别感谢责任编辑为本书的出版所做的细致认真的工作。

最后，由于本人学识有限，书中有许多思想和方法都不够成熟，肯定会存在一些错误，恳望读者批评指正。

袁桂秋

图书在版编目(CIP)数据

基于演化原理的企业行为分析/袁桂秋著.—杭州：浙江大学出版社，2011.8
ISBN 978-7-308-08945-6

Ⅰ.①基… Ⅱ.①袁… Ⅲ.①企业行为—研究 Ⅳ.①F270

中国版本图书馆CIP数据核字(2011)第153991号

基于演化原理的企业行为分析
袁桂秋 著

责任编辑 傅百荣
封面设计 姚燕鸣
出版发行 浙江大学出版社
(杭州市天目山路148号 邮政编码310007)
(网址:http://www.zjupress.com)
排　　版 浙江时代出版服务有限公司
印　　刷 浙江省良渚印刷厂
开　　本 710mm×1000mm 1/16
印　　张 8.25
字　　数 148千字
版 印 次 2011年8月第1版 2011年8月第1次印刷
书　　号 ISBN 978-7-308-08945-6
定　　价 26.00元

浙江大学出版社发行部邮购电话 (0571)88925591